いまこそ知りたい

ドナルド・トランプ

Donald Trump

水王舎

いまこそ知りたい

はじめに

なぜ今、アメリカにトランプ旋風が吹き荒れているのか？

トランプの勢いは一向にかげりを見せることなく、ついに共和党候補の座を射止めるに至った。大統領選出馬を表明した際、トランプがここまで来ると予想した人は決して多くないはずだ。なぜ、トランプがここまで躍進するに至ったのか。その原因は、アメリカという国が抱えている負の感情にある。

アメリカは世界最強にして最高の国家である。国民たちはそれを信じ、それを誇りにして生きてきた。だが、現状はどうだ。911テロでは、アメリカ本土を攻撃された。「チェンジ」をうたったオバマは改革を成功させるに至らず、富はごく少数に集中するばかりで失業率は改善されるきざしもない。世界における存在感は、中国の台頭によって薄らいだ。

アメリカは弱い国になってしまったのではないか。いや、そうに決まっている――そんな国民たちの怒りという燃料に、「強いアメリカを取り戻す」と豪語したトランプが火をつけ、そして一気に燃え上がった。

アメリカをもう一度偉大な国にする。そのためなら、他の国のことなんて関係ない。身勝手とも思えるトランプのポリシーは、特に大きな不満を抱える低中所得層の白人に支持された。

トランプの勢いは止まらない。弱まるどころか、ますます強くなっている。残す戦いは、ヒラリー・クリントンと争う大統領選挙本選のみ。支持率は五分と五分。トランプ大統領誕生の瞬間は、もうすぐそこまで来ている。

アメリカ大統領選挙研究会

本書について

もし、ドナルド・トランプが大統領になったら、アメリカだけでなく、日本も世界も激変することになるでしょう。私たちにとっても、もはや他国の大統領選と無関心でいられなくなったことだけは確実です。これから日本や世界がどうなるのかを考える上で、トランプが何者かを知ることは不可欠だと言えるでしょう。

現在アメリカではトランプに関する書籍が次々と刊行されています。その多くはトランプを改革者として賛美する立場のものか、その逆で、トランプをヒットラーに匹敵する独裁者として批判するものか、まさに両極に分かれているのです。

本書はあえてどちらの立場にも立たず、トランプの入門書として、どのトランプ本よりも分かりやすく、様々な角度から分析しています。

トランプの様々な暴言、放言が話題になりがちですが、彼の政策を一言で言えば、アメリカ主義・保護主義だと言っていいと思います。不動産王であり、実業家であるトランプの政策は軍事や外交ではなく、徹底的に経済を中心としたものです。メキシコなどの不法移民の問題やイスラム教徒を閉め出し、ＴＰＰを脱退し、中国や日本との経済戦争を制し、アメリカ経済を勝利させようとするものです。

今までの大統領は覇権主義で、アメリカがその巨大な軍事力でベトナム戦争を初めとし、世界中で起こる様々な紛争に介入しようとするものでした。そのために巨大な出費を強いられてきたのです。そんなばかげたことはやめてしまえ、彼らは自分の金で自分たちを守るべきだとトランプは国民に訴えかけるのです。

たとえば、在日米軍の費用を全額日本に負担させる、さもなければ、米軍を引き上げる、といった発言もその一つでしょう。彼の狙いは軍事ではなく、経済に他なりません。

実際、アメリカが覇権主義の旗を自ら降ろしたなら、世界の外交・軍事的均衡は大きく変化します。在日米軍がすべて撤退したなら、日本の憲法、自衛隊、沖縄問題を初めとする米軍基地問題、防衛、外交など、私たちもあらゆる面で抜本的な見直しを余儀なくされます。それほどトランプが提言する政策は劇薬のようなものなのです。

とにかく、今私たちはトランプから目を離すことはできません。まずはトランプを知ることから始めませんか。

本書アドバイザー・出口 汪

mp

いまこそ知りたい

ドナルド・トランプ

contents!

Donald Tru

chapter 2

トランプと政治

contents!

TRUMP

いまこそ知りたい

chapter 1

ドナルド・トランプとはどういう人物なのか？

いまこそ知りたい

ドナルド・トランプという男

生まれも育ちもNY。生粋のニューヨーカー

ドナルド・トランプは、本名をドナルド・ジョン・トランプ（Donald John Trump）という。父フレッドと母メアリの間に生まれたのは１９４６年の6月14日のこと。２０１６年でちょうど70歳となった。出身はアメリカ合衆国ニューヨーク州クイーンズ区。人種のるつぼと言われるニューヨークの中でも、特に多人種、多民族が暮らすことで知られるエリアだ。トランプは生まれも育ちもニューヨーク。生粋のニューヨーカーである。

テレビを見て気づいたと思うが、トランプは立派な体格の持ち主である。その身長は１８８センチ。アメリカ人の平均身長は１７６センチ。多民族国家がゆえに思ったよりも平均が低いことを差し引いても、トランプがアメリカ人の中でもかなりの高身長であることは間違いないだろう。

その巨体と並んでトランプの特徴として挙げられるのが、奇抜なヘアースタイルだ。その不自然さからたびたびカツラ疑惑が持ち上がるが、トランプはこれを一切否定。ときに他人に毛髪を引っ張らせて「な、本物だろう」と得意がるシーンは、もはやおなじみの光景である。

趣味はスポーツ。子供のころは野球やサッカーに熱中しており、現在は主にゴルフをたしなんでいる。ハンデは３・７というから、その腕前はプロ並と言っていいだろう。

ちょくちょくカツラ疑惑がささやかれるトランプだが、本人はかたくなに地毛だと主張

「お前はクビだ！」で人気を高める

トランプのビジネスについては16ページから解説するので詳細は省くが、彼は不動産業を生業としている。それもただの不動産屋ではない。全米ナンバーワンの不動産王であり、アメリカの経済誌フォーブスの長者番付の常連でもある大富豪なのである。

当然、アメリカでの知名度は抜群なのだが、それは大金持ちだからという理由だけではない。あるテレビ番組でホストを務めたことにより、お茶の間の人気者にもなったからだ。その番組こそ〝見習い〟を意味する「アプレンティス」。複数の参加者の中からトランプの会社で働く人材を決めるリアリティーショーだ。

この中で、脱落する参加者に対してトランプが口にする「お前はクビだ！」（You're Fired!）のセリフが大受けし、トランプはテレビスターとしての人気も獲得。これが今回の大統領選挙でのトランプ旋風の一因となっている。

いまこそ知りたい

ドナルド・トランプの性格

どんなときでも子供からの電話は取る

演説でたびたび発する強烈すぎる言動から、まるで人格破綻者のように思われがちなトランプ。だが、過激なだけの人間にビッグビジネスを円滑に進められるはずがない。テレビ画面越しだけではうかがいしれない内面も持ち合わせている。

その代表的なものが、わが子に対しての愛情深さだ。トランプは彼の自伝の中で『たとえ何をしているときであっても子供からの電話は出ることにしている』と語っている。ビジネス最優先の鬼経営者というのは、あくまでイメージ。本当は子煩悩な良きパパでもあるのだ。

そしてトランプは曲がったことが大嫌いだ。ある友人が、彼の力をもってブロードウェイミュージカルのチケットを手配しようかと打診してきた。それに対してトランプは「そういうことはしたくないのだ」とキッパリ断ったのである。

また、ある老婦人が先祖代々の農場を失いそうになった際には「正直にコツコツ生きてきた人が全てを失っていいはずがない」と立ち上がった。なんとその老婦人のために寄付を募り、10万ドルもの大金を集めたのである。ズルは嫌いで、正直者がバカを見る世の中も大嫌い。トランプについて考えるときには、過激な言動だけでなくこの誠実さも忘れないようにしたい。

勝つためには手段を選ばない

右ページではトランプの誠実な面について書いたが、あの過激な演説どおりの強い個性も当然彼の性格を語るうえでは欠かせない。

まずトランプは負けず嫌いだ。自伝の中で『勝つためなら法の許す範囲で何でもする』『時には相手をけなすのも取引上の駆け引きのひとつだ』と豪語する。

そしてトランプは戦うときには徹底して戦う男でもある。『僕は折れるよりは戦う。一度でも折れるとたちまち弱気という評判が立つからだ』とは自伝の記述。トランプは大統領選予備選挙の段階から、自分が大統領になったあかつきにはアメリカの国益を最優先にすると民衆の前で公言している。彼の選挙スローガンは「Make America Great Again」。「強いアメリカをもう一度」である。彼がアメリカのトップに立ったら、決して引かず、勝つために手段を選ばない外交政策で他国のリーダーたちに戦いを挑むことだろう。

Tinseltown / Shutterstock.com

剛腕で知られるトランプだが、子供からの電話には必ず出るという良きパパの一面も

揺らぐことのないポリシー

常に最悪の事態を想定して事を進める

誰もがうらやむビリオネア（資産1億ドル以上）まで上りつめたビジネスでの大成功、そして大統領を本気で狙う野心。そんなトランプの行動を支えているのが、いつ何時でも揺らぐことのない彼自身の強いポリシーだ。

彼が負けず嫌いであることは前項でふれた通りだが、決して強気一辺倒を良しとする信念の持ち主ではない。意外や意外、実は消極的な考え方を良しとしているのである。数々のタフな交渉を勝ち抜いてきたトランプだが、ビジネスにおいては慎重に物事を運ぶのが彼のスタイル。自伝には『常に最悪を予想して（中略）最悪の事態に対処する方法を考えておけば（中略）何があっても大丈夫だ』と書いており、彼が石橋を叩いて渡る繊細さを大事にしていることがわかる。

『融通性を持つことでリスクを少なくする』のも、トランプのポリシーのひとつ。ビジネスにおいてはひとつのやり方に固執せず、ありとあらゆる可能性を模索する。状況が変われば臨機応変にその手札を切る、というわけだ。

そしてトランプが特に大事にしているのが、物事を大きく考えることだ。小さくまとまってしまっては、それ以上の成果は決して得ることができない。だから、大きく考えるのだ。

Andrew Cline / Shutterstock.com

過激すぎる発言とはうらはらに、ことビジネスにおいては石橋を叩いて渡るタイプの男

仕事を楽しみ、自分を偽らない

これも意外に感じられるかもしれないが、トランプはこれまで重ねてきた成功や得てきた資産に執着していない。なぜか？　彼は金を稼ぐことに興味があるのではなく、ビジネスそのものに強い魅力を感じているからだ。つまり、仕事を楽しんでいるのである。

サブプライムローンによる大不況などの影響で、トランプはこれまで4度も破産をしている。そのたびに身の破滅寸前まで追い込まれるが、彼は必ず復活して、いまもアメリカの不動産王に君臨している。その理由こそが、仕事を楽しみ、自分を偽らない生き方にあるのは明白だ。

大統領選予備選挙において、トランプは決して自分を偽らなかった。嫌なものは嫌、欲しいものは欲しい。そのストレートさはよくバッシングの対象になったが、決してポリシーを曲げないその姿は多くの熱狂的な支持者を生んだのである。

いまこそ知りたい

トランプのビジネス&年収

不死鳥のように蘇る不動産王

トランプの職業を一言で言えば、実業家ということになる。レストランの経営やブランドのライセンス事業などを手掛けているが、中でも彼のメーンビジネスはやはり不動産業だ。父の会社を引き継いで名称を変更した不動産会社「トランプ・オーガナイゼーション」の会長兼社長を務めており、これ以外にも複数の会社のボスを務めている。

トランプはこれまで、自らの名「TRUMP」を冠した豪奢な建物を、数多く手掛けてきた。マンハッタン・ミッドタウン区の5番街に建つ202メートルの高層ビル「トランプ・タワー」をはじめ「トランプ・プラザ&カジノ」「トランプ・マリーナ」などなど。だが、このうちトランプ・プラザ&カジノとトランプ・マリーナは、トランプの所有物ではなくなっている。度重なる破産で手放さざるを得なくなったからである。

彼のビジネスがこれまで順風満帆であったかといえば、そうではない。トランプはこれまで4度も破産を経験しているのである。そのたびにトランプは自らの実力、そして不動産ブームなどの運も味方につけて、復活を遂げてきた。逆境に強いタフさ、決して諦めないしぶとさ。これこそがトランプを超一流ビジネスマンたらしめたことは疑いのないところであろう。

Debby Wong / Shutterstock.com

トランプの仕事は不動産業。これまで多くの建設物を世に送り出してきた

１年間の収入はなんと約６００億円!

ピンチをことごとく乗り越えてきたタフガイは、それだけに周囲に対しての要求も厳しかったようだ。

ある日、工事中だったホテルの客室の天井を見上げたトランプは激昂した。天井が低すぎる、と工事担当者を叱りつけたのだ。だが、工事責任者は設計上の理由により天井が低くなることを、すでにトランプに伝えていた。それをトランプがきちんと理解していなかったただけなのだが、彼は床に拳を叩き付けて怒り狂ったそうだ。この出来事以外にも、しばしばトランプは従業員を口汚い言葉で罵倒したという。ワンマン経営者の多くがそうであったように、トランプもまたかんしゃく持ちであるようだ。

最後に気になるトランプの年収について。２０１６年５月の個人資産報告によると、過去１年間の所得は日本円にして約６００億円。配当や資産売却益は含まれない金額なので、実際はこれよりも多いだろう。

いまこそ知りたい

トランプブランドの不動産

ホテルにカジノ、ゴルフ場まで

トランプは自分が手掛けた不動産の多くに、自分の存在を誇示するように「トランプ」を冠するようにしている。そんなトランプブランドの不動産の一例を紹介していこう。

まず最も有名なのが、ニューヨークの一等地に建つトランプ・タワーとトランプ・ワールド・タワーだ。一流ショップ、おしゃれなレストラン、そして世界的に有名なセレブが住む高級アパートのある複合施設は、トランプの代名詞ともいえる建築物だ。

トランプ・タワーのすぐ近く、パークアベニューに建つのがトランプ・パーク・アベニュー。24階には約５７６平米の広さに５つの寝室、７つのバスルームとパウダールームを誇るペントハウスがある。トランプはこれを所持していたが、２０１５年に約26億円で売却している。

マンハッタンのアッパーウエストには、大型マンション・コンドミニアム群のトランプ・プレイスがある。家賃ウン百万円ばかりのトランプ・ブランドの中で、比較的家賃の安い物件があるとのことなので、トランプの物件に住んでみたい人は検討してみるのもいいかも？

これまで紹介してきたのはニューヨークの物件ばかりだが、トランプの物件はアメリカ全土に点在している。次ページではそれらを紹介していこう。

Joseph Sohm / Shutterstock.com

写真のトランプ・キャッスルをはじめ、全米の各地にトランプブランドの建物が存在

勝利宣言をおこなったマール＝ア＝ラーゴ

マール＝ア＝ラーゴはフロリダ州のリゾート地パームビーチに建つ、部屋数なんと１１８という巨大かつラグジュアリーな屋敷。１９８５年にトランプが自分で住むために８００万ドルで購入したものだったが、後に会員制の高級リゾートとして運営している。トランプが大統領選予備選挙の勝利宣言をしたスーパーチューズデーの演説も、この場所でおこなわれた。

ロサンゼルスの海沿いという抜群のロケーションにあるのが、トランプ・ナショナル・ゴルフ・クラブ。２５０億ドルを投じて整備したこのゴルフ場の周囲は、リッチマンたちの高級住宅街となっている。

この他にもトランプは、スコットランドのアバディーンにもトランプ・インターナショナル・ゴルフ・リンクスというゴルフ場をオープンさせている。建設時に付近住民とひと悶着あったものの、世界最高の現代ゴルフコースと称賛されている。

いまこそ知りたい

トランプ・タワーはセレブが住む豪華施設

あの有名映画監督や一流歌手が居住

トランプが手掛けた不動産の代表格であるトランプ・タワーは、マンハッタンは5番街のランドマークでもある。高さは２０２メートル。68階建ての複合施設だ。

ショップはグッチなど一流ブランドをはじめ選りすぐりのカフェやレストランが軒を連ね、オフィスエリアにはカタール航空や北中米カリブ海サッカー連盟が立派なオフィスを構えている。高層階は高級アパート。現在は経済的に成功したリッチマンたちが住んでおり、過去にはスティーブン・スピルバーグや歌手のポール・アンカが部屋を購入した。

トランプ・タワーの完成は１９８３年。好景気に沸いていたわが国からも、この高級アパートを買いに多くの日本人がトランプの元を訪れた。余談だが、日本人はいつも12～13人くらいのグループでやってくるので、その全員を納得させる交渉は非常に骨が折れたとトランプは語っている。

さて、気になるトランプ・タワーの家賃だが、約１４０平米の２ベッドタイプの部屋で月額１万ドル（１１０万円）程度。これはかなり安い部類で、月額６万ドル（６６０万円）を超える部屋も珍しくない。ちなみにトランプもこのトランプ・タワーに住んでいる。彼が住むのは最上部。同じフロアの部屋をぶち抜いた奥行き24メートルを誇る居間を擁する部屋で、悠々と暮らしている。

マーくんの部屋は月額家賃700万円

マンハッタンの1番街には、トランプ・ワールド・タワーというビルがある。これもトランプが手掛けた不動産で、トランプ・タワーと名前は似ているが全く別の建物だ。

居住者はマイクロソフト創設者のビル・ゲイツ、ハリウッド俳優のハリソン・フォード、歌手のビヨンセなど世界的ビッグネームがズラリと並ぶ。

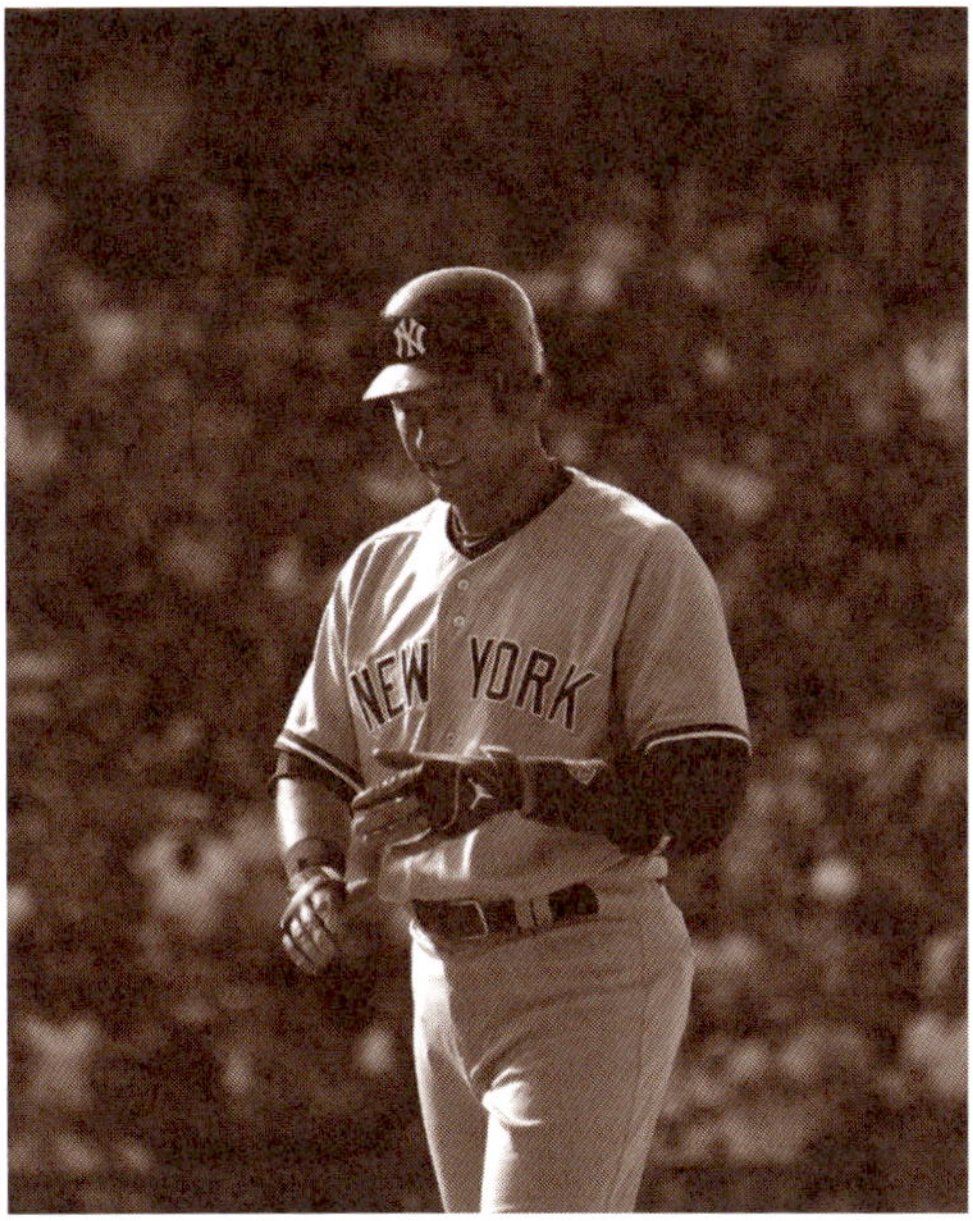

Rena Schild / Shutterstock.com

ヤンキースで松井秀喜の同僚だったジーターもトランプ・ワールド・タワーの住人だった

2012年からこの豪華な面々の“ご近所さん”になったのが、ニューヨークヤンキースで活躍する田中将大とその妻である里田まいの夫婦だ。

マーくん夫妻が住む部屋は広さが150坪超で、天井の高さは約5メートル。14の寝室に、バスルームが5つもある超豪華さで、その家賃は月額700万円、もしも購入する場合には18億円になるという。誰もがうらやむアメリカン・ドリーム。トランプはその受け皿を作っているのである。

いまこそ知りたい

トランプの資産は一体いくらか?

トランプいわく、資産は1兆円オーバー

トランプの総資産については様々な説が飛び交っており、各報道機関によって数字がバラバラであるのが現状だ。当のトランプ本人はというと「私の総資産は１００億ドル以上（約1兆１０００億円）はある」と常々語っている。

これに対してアメリカの経済誌フォーブスはトランプの総資産は45億ドル（約４９５０億円）程度であるとしており、連邦選挙委員会の調査では少なくとも14億ドル（約１５４０億円）という数字が発表されている。

ちなみにフォーブスが推定した45億ドルという総資産は、同誌２０１６年版世界長者番付の３２４位にあたる金額だ。２０１５年もフォーブスはトランプの資産を同じく45億と推定していたが、このときのランキングは１２１位であった。

いずれにせよ、彼が世界的な大富豪であることに変わりはない。現に今回の大統領選候補者の中ではナンバーワンのリッチマンだ。選挙戦最大のライバルと目される民主党のヒラリー・クリントンの総資産は、４５００万ドル（49億５０００万円）。仮にトランプの資産が彼の言い分どおり１００億ドルならば、差は約２００倍。総資産の額だけでいえば、トランプの圧勝である。

Ivan Cholakov / Shutterstock.com

プライベートジェットも当たり前のように所持するトランプ。総資産は100億ドルとも

100億円のプライベートジェット

トランプの資産の中には、現金や不動産、有価証券など様々な物が含まれているが、中にはその物自体がひと財産と言えるようなものがある。

代表的なもののひとつがプライベートジェットだ。『Mr. Trump's 757』と名付けられたこのジェット機の機種は、ボーイング社の757。座席数は200以上もあり、国際線などにも用いられる中型機だ。

普通に買っても80億円程度はする757。トランプはこれにロールス・ロイス社のエンジンを搭載、シートベルトの金具を24金に変更し、最高級のオーディオ&ビジュアルシステムを完備と、ゴージャスにカスタマイズ。総額はゆうに100億円以上ともいわれる愛機で、空を飛び回っている。

それ以外にプライベートヘリなども所持。その全ての機体の側面には、「TRUMP」という文字がでかでかと書かれている。

いまこそ知りたい

ドナルド・トランプを作った両親

11歳のときから働いていた父フレッド

トランプの両親が結婚したのは、トランプが生まれる10年前の１９３６年のこと。父の名はフレッド、母の名はメアリという。

父フレッドがニュージャージーで生まれたのは、１９０５年。フレッドの父は繁盛しているレストランを経営していたが、生活は荒れていた。父は酒に溺れて、アルコール中毒になっていたからだ。トランプの兄フレッド・ジュニアはアルコール中毒により早世しているが、祖父も同じく酒に憑かれていたのである。トランプが一滴も酒を飲まないのは、これらのことが一因かもしれない。

フレッドは彼の父と違って、とても働き者の男であった。11歳のときに父を亡くすや、果物の配達や靴磨き、建築資材の運搬などの仕事をして金を稼ぎ、母子家庭の家計を支えたのである。仕事に勤しむ一方、フレッドは勉学にも励んだ。高校生のとき夜学に通って建築を学び、16歳のときに隣人のための木造ガレージを建てた。これが後に不動産王ドナルド・トランプの父親になる男の、最初の建築物であった。

フレッドは高校を卒業すると、住宅建設業者に就職する。５ケタの暗算を難なくこなすという頭脳と、夜学で蓄えた知識、そして持ち前の向上心で、めきめきと頭角を現していった。

写真：ZUMA Press/アフロ

働き者で妥協を許さぬ父と、派手好きの母。2人の血をトランプは確実に受け継いでいる

ボランティアにも精を出していた母

母メアリは、フレッドと違って華やかなものを好む性格だった。エリザベス女王の戴冠式が放送された際、スコットランド人であるメアリはうっとりとした顔を浮かべてテレビの前から離れようとしなかったという。派手好きな面は母親から受け継いだものだろう、とはトランプの弁である。確かにトランプの建設物の派手さを見る限り、母親の血を強く引いているのは、間違いないところだろう。

そんな母メアリは、夫のフレッドをよく支えた。トランプをはじめ5人の子供の面倒を見るかたわら、地元の病院のボランティアにも参加していたとか。

経済的には裕福であったものの、トランプ家はぜいたくをよしとせず、1ドルを大事にする質素な生活を送ったという。ビリオネアにもかかわらず、実はトランプの食事が質素だったりするのは、両親の教えの影響があるのかもしれない。

いまこそ知りたい

トランプのきょうだいはエリートぞろい

トランプは5人きょうだいの4番目

トランプは5人きょうだいの4番目にあたり、兄が1人、姉が2人、弟が1人いる。硬軟織り交ぜた交渉術で不動産王にまでのし上がったのは、家庭環境によるものが大きいかもしれない。

さて、トランプのきょうだいを紹介していこう。まずはトランプが親しみを込めてフレディと呼ぶ、8歳年上の兄フレッド・トランプ・ジュニアから。きょうだいの父であるフレッドは非常に頑固な性格の持ち主であったが、トランプいわくフレディは「父と正反対の性格」であったそうだ。人から好かれる温厚な性格で、パーティー大好きなハンサムガイ。人生を心から楽しんでいたとトランプは語っている。

だが、そんな兄にも苦悩はあった。その優しさが災いしたのか、ビジネスには向いていなかったのだ。父と一緒に働くも、ひと癖もふた癖もある顧客を相手にするタフな精神は持ち合わせておらず、フレディはたびたび父と衝突。そしてほとんどのケースにおいて折れるのはフレディの方だった。ほどなくしてフレディは夢であったパイロットとして働き出す。しかしフレディは酒に溺れ、43歳という若さでこの世を去ってしまう。「トランプ家独特のプレッシャーに耐えられなかったのだろう。それにもう少し早く気づいていれば……」とトランプは痛恨の念にかられたそうだ。

写真：AP/アフロ

右端がトランプ。向かって左にいるのが、トランプの弟であるロバートだ

兄だけでなく姉も弟も皆が聡明

トランプきょうだいの最年長者、上の姉のメアリアン・トランプ・バリーは大学卒業後に結婚。息子が大きくなると再び学校へと戻って法律の勉強を始める。優秀な成績で卒業後、民間企業を経て、連邦検察官となり、後に連邦判事となった。

下の姉のエリザベス・トランプ・グラウもメアリアン同様に優秀であったが野心はそれほどでもなく、マンハッタンの銀行に勤めた。

そしてトランプよりも2歳年下の弟ロバート・トランプ。ガキ大将だったトランプと違い、ロバートは温厚な性格だったという。どれくらい温厚かといえば、子供のころトランプになかば強引におもちゃのブロックを取り上げられ、あまつさえ糊付けされてしまったというのに、そのエピソードを嬉々として話すほど。このときすでにロバートは、トランプがどのような人生を送るかがわかったというから、聡明だったようだ。

いまこそ知りたい

意外と質素な交友関係

昼食も休日も1人で過ごすさびしき男

トランプは友人が多い方ではない。というより、極端に少ないと言ってしまっていいだろう。そもそもトランプは人付き合いというものを大事にしない。ヤリ手のビジネスマンならばパワーランチと称して、昼食時にも仕事の打ち合わせを入れたり、新しい交友関係を築こうとしたりするのが普通だろう。

一方のトランプはといえば、そもそもが外に昼食を取りにいくことがめったにない。忙しい仕事の合間を縫って、ごく手軽に済ませる。ランチがトマトジュース一缶だけというのも日常茶飯事だ。もちろんトランプのオフィスには多くの人が訪れるのだが、そのほとんど全てがビジネスだけのパートナーだ。仕事が終わってからも、トランプは遊び歩くことがない。自宅に戻ってもあちこちにビジネスの電話をかけ続け、それが眠る寸前まで続くのである。

では休日はどうかといえば、これが一日中電話をかけ続けるとのこと。趣味であるゴルフにはたまに行くようだが、それもビジネスがてらにというのが大半なようだ。元々少ない友人は、今般の大統領選におけるトランプの過激な言動に嫌気が差し、彼と距離を置くようになったという。これから過激な言動を繰り返せば、ますます友人が減っていくのは間違いないだろう。

Photoshot / Zeta Imeage

エアロスミスと友人関係だったトランプだが、楽曲使用禁止を言い渡されてしまった……

親友は世界から尊敬されるあの男

トランプが大統領選で過激発言を繰り返しても、変わらず友人関係を続けてくれる者がいる。その数少ないうちの一人が、元ニューヨーク市長のルドルフ・ジュリアーニだ。

2001年に発生したアメリカ同時多発テロの際、テロリストとは徹底的に戦うと宣言してニューヨーク市民をはじめ世界から絶賛され、世界の市長と呼ばれた尊敬を集める人物である。

そんな好人物がどういうわけか……というのは言い過ぎかもしれないが、とにかくトランプとはごく親しい友人関係にある。

ジュリアーニはニューヨーク州での予備選挙の前にはトランプを支持し、投票することを明言。さらに「私が知っている彼は皆がテレビで見ている男とは違う。紳士的であり、良き父でもある」と援護射撃をしてみせたのである。

トランプと彼の3人の妻たち

トランプはブロンド美女がお好き

トランプはこれまでに3回結婚しているが、その全員が超のつく美女である。

1人目の妻の名はイヴァナ。トランプが彼女と結婚したのは、1977年のことだ。チェコスロバキア出身のイヴァナは札幌冬季オリンピックのスキーチームの補欠だったアスリートで、引退後はカナダでモデルとして活躍するなど、大富豪トランプの妻にふさわしい多才な女性。結婚後すぐにトランプの事業を手伝うようになった。元従業員の話ではビジネスにはかなり厳しかったようだが、トランプの会社の屋台骨を支えた優秀な人材であることは間違いないだろう。

だが、その激しさにトランプはじょじょに嫌気が差していったようだ。公には夫婦の体裁を保ちつつも、トランプは愛人にうつつを抜かすようになったのである。相手は女優のマーラ・メイプルズ。年齢は当時のトランプより17歳年下の24歳で、プロポーション抜群の金髪美女だ。トランプはかねがね理想のタイプは「足の長いブロンド美女」と言っていたそうだから、まさに理想のタイプそのものと言えるだろう。

トランプのことを「優しいあなた」「かわいいあなた」と呼ぶ奔放なマーラにぞっこんだったトランプは、しばしば自身のホテルの一室にしけ込んでは愛を交わしていたという。

3度目の結婚はヒラリーが祝福

トランプ2度目の結婚相手は、そのマーラである。そう、マーラは見事略奪愛に成功。トランプとイヴァナの離婚が成立した翌年の1993年、ついにトランプの正妻の座を射止めたのである。結婚式はダイヤをあしらったティアラや、特大サイズのウエディングケーキなど、総費用2・5億円という豪華さ。さらに娘ティファニーをもうけたトランプ夫妻だったが、結婚から6年後の1999年にあえなく離婚してしまうのであった。ちなみに娘のティファニーは2016年にモデルデビューを果たしている。

Vicki L. Miller / Shutterstock.com

トランプの隣に立つ金髪美女は、2番目の妻マーラ。
不倫関係から結婚にこぎつけた

そして3度目の結婚で結ばれた現在の妻が、24歳年下の元モデル、メラニア・ナウス。トランプとメラニアが結婚したのは2005年のことだが、実はこのときの披露宴には今回の大統領選のライバルであるヒラリー・クリントンが出席している。まったくもって皮肉な話もあったものである。

いまこそ知りたい

娘のイヴァンカは絶世の美女

美貌を生かして14歳でモデルデビュー

「あの美しい女性は誰だ！」。トランプの演説時にたびたび現れる白人女性の姿に、テレビを見ていた男性たちは釘づけになった。トランプと並んでも劣らない長身、スラリと伸びた長い手足、そして白い歯のこぼれる笑顔が印象的な美貌。そんな非の打ちどころのない美女は、演説を終えたトランプに歩み寄ると、親しみを込めてハグをする。素敵だったわよ、パパと。

彼女の名前はイヴァンカ・トランプ。トランプが１人目の妻であるイヴァナとの間にもうけた実の娘だ。イヴァンカが生まれたのは、トランプとイヴァナの結婚９年目にあたる１９８１年。父親と同じく生まれも育ちも生粋のニューヨーカーである。

母のイヴァナは元モデルであったが、イヴァンカはそのＤＮＡを引きついだ。１８０センチのスレンダーなプロポーションと美貌を生かし、多くのセレブを輩出した名門校ショパン・スクール在学中にモデルデビュー。16歳でファッション誌「seventeen」の表紙を飾り、後に有名ブランドのショーでも活躍した。

だが、彼女がすごいのはその美しさだけではない。芸能活動のかたわら勉学に励み、名門のジョージタウン大学に入学するのである。

総資産180億円の才色兼備セレブ

イヴァンカは後に父トランプの母校でもあるペンシルベニア大学ウォートン校に編入している。優秀な成績で卒業後、幼いころからの夢であった不動産業に就く。父と同じ道を歩み始めたのだ。周囲はトランプの娘であるイヴァンカに対して、親の七光りであると揶揄したそうだが、彼女の熱心な仕事ぶりを目の当たりにしてその考えを改めたという。

JStone / Shutterstock.com

こちらが美人娘のイヴァンカ。元ファッションモデルで、現在は億万長者の実業家

現在は父の会社トランプ・オーガナイゼーションの重役を務める彼女もまた億万長者であり、その総資産は日本円にして180億円と言われている。

もうすぐ35歳とは思えない若々しいイヴァンカは、実は二児の母親でもある。夫のジャレッドも不動産業を営む実業家で、しかも俳優張りのイケメンだ。

才色兼備にしてビジネスセンスがあり、家族にも恵まれたスーパーウーマン。トランプの大統領選における最強のカードと言われるのもうなずける話である。

いまこそ知りたい

生い立ち　幼少期〜士官学校

音楽教師を殴る近所で有名なガキ大将

現在の姿から想像がつくとおり、幼少期のトランプはガキ大将だった。本人いわく自己主張の強い攻撃的な子供で、人から非常に嫌われるか好かれるかであり、それは今も変わっていないと語る。しかしながら仲間内では人気が高く、常にリーダー格であったとか。なるほど、確かに大統領選におけるトランプは大量のアンチを生みつつも、熱狂的なファンも多く獲得している。すなわちトランプのカリスマ性は、ガキ大将のそれと同じだったようである。

自他ともに認めるヤンチャ坊主だったトランプは、もっぱらいたずらに明け暮れていたそうだ。これは人を試したり、騒ぎを起こしたりするのが好きだったからだそうで、誕生パーティーの席で水の入った風船を投げるといったいたずらを繰り返していたとか。

元来の攻撃的な性格のせいだろう、手も早かった。小学校2年生のときには、音楽教師に対して『音楽のことは何も知らないくせに』とパンチをお見舞い。教師の目に青あざをこしらえてやったと自伝の中で得意げに綴っている。この行動についてトランプは、同じく自伝の中で『小さい頃から物事に敢然と立ち向かい、非常に強引なやり方で自分の考えをわからせる傾向があった』と書いている。これは現在も変わらない彼の生きざまと言えるだろう。

Joseph Sohm / Shutterstock.com

幼いころにヤンチャが過ぎたトランプは、父の方針で軍隊式教育の厳しい学校へ編入

軍隊式学校で規律と交友術を学ぶ

いたずらや暴力事件を繰り返したトランプは、当時通っていた小学校を放校寸前になってしまう。それを見かねた父親が行動に出た。トランプをある学校へ編入させたのだ。入学したのは、ニューヨーク・ミリタリー・アカデミー。19世紀後半に開校した、軍隊式の教育で知られる歴史ある私立学校である。

統制を乱す者は容赦なく鉄拳制裁される環境でトランプが学んだのは、暴力教師には力で逆らわず、うまく付き合うことだった。具体的には、教師に敬意を払いつつも、恐れている素振りを見せないこと。つまり、はったりである。

軍隊的教育によって規律を身につけ、強者と渡り合う方法を学んだトランプは、成績が良かったこともあって士官候補生の隊長に任命される。ガキ大将が編入した先でもリーダーに。どうやらトランプは常にリーダーである星の下に生まれたようである。

生い立ち　大学入学～卒業後

一流校から超一流校へと編入

ニューヨーク・ミリタリー・アカデミーを優秀な成績で卒業後、トランプはフォーダム大学に入学した。同大学は全米大学ランキングの上位８％に入る一流大学である。一時期映画に強く興味を持ったトランプは南カリフォルニア大学の映画科に入ろうかとも考えたそうだが、家から近いという理由でフォーダム大学を選んだそうだ。

一流大学に入ったにもかかわらず、トランプは入学から2年後、編入を考えるようになる。どうせ教育を受けるのであれば、最高のところで学びたいと考えたからだ。そしてトランプはペンシルベニア大学のウォートン校に編入する。フォーダム大学が一流なら、ペンシルベニア大学は超一流。しかもウォートン校といえば、全米でも屈指の名門スクールである。

トランプはウォートン校について、『ハーバード・ビジネス・スクールは多くの経営者を輩出しているが、本物の企業家にはウォートン出身者が多い』と自著に書いている。このウォートン校でトランプは後の人生でも役立つ重要な物を得た。ウォートン校の学位である。これがあるだけでビジネスの相手はトランプに敬意を払い、いたく尊重してくれたというから、フォーダム大学からの編入は大成功だったと言えるだろう。

SINITAR / Shutterstock.com

トランプは名門ペンシルベニア大学のウォートンスクール出身。企業家の登竜門だ

トランプは兵役逃れをしていた?

トランプは大学で勉強するかたわら父フレッドの仕事を手伝っており、収入を得ていた。父は裕福であったが子供に多くの信託資金を与えないという信念の持ち主で、トランプが受け取ったのもそれほど多い金額ではなかったようだ。

それでも大学卒業時のトランプは、20万ドルの財産を保持していた。ちなみにそのほとんどは不動産に投資をしていたというから、すでに優れたマネー感覚を身につけていたようである。

トランプが大学を卒業したのは1968年、彼が22歳のときだ。同年、アメリカ国内でベトナム戦争の徴兵がおこなわれた。ところがこれに、トランプは不適格となる。あの立派な体格に、幼いころからスポーツが得意だったトランプが、である。ワシントン・ポスト紙は「兵役逃れだ」としているが、当のトランプはそれを一切認めていない。

いまこそ知りたい

父の会社に就職。不動産王の第一歩を踏み出す

銃で撃たれかねないほど危険な仕事

ペンシルベニア大学ウォートン校を卒業したトランプは、父フレッドが経営する会社「エリザベス・トランプ&サン」に就職する。子供のころから父の後をついて建設現場に赴き、学生時代には実質的な右腕となっていたトランプにしてみれば、これは自然な流れだったと言えるだろう。トランプは単なる手伝いというだけでなく、自分自身も不動産業というものに大きな魅力を感じていた。なにしろ学友たちが新聞の漫画やスポーツ欄に夢中になっているとき、自身は連邦住宅局の抵当流れ物件のリストを読みふけっていたほどだ。

父の仕事は主に家賃の統制管理された住宅を建設することだった。統制管理とは、家賃の値上げ幅の上限が法律によって決められていることである。これによって貧しい層もそのアパートに長く住めるのだが、それだけに治安やモラルが悪化するケースが少なくなかった。

ある日トランプは家賃の取立人とともに、父の物件に住む住人の元へ家賃の催促へ行った。すると取立人はノックをする際、ドアの前には立とうとしなかった。不思議に思って聞くと取立人は「こうすれば危険なのは手だけで済む」と答えたという。取り立てに来たタイミングによっては、銃で撃たれることもあるというのだ。これにはさすがのトランプも肝を冷やしたことだろう。

本格的にビジネスの道を歩み始めたトランプ。その目にニューヨークはどう映ったのか

もっと派手で儲かる仕事を求めて

またあるときには、アパートの住人が窓からゴミを捨てていることを知る。焼却炉に行くよりも簡単だから、というのがその理由なのだから困りものだ。

こういった荒れっぷりもさることながら、トランプが気に入らなかったのは、利益が少なかったこと。先にも書いたとおり統制管理物件は家賃を上げられないので、利益を得ようとすればコストを削るしかない。「物事は大きく考える」がモットーのトランプが、派手さのかけらもないビジネスに嫌気が差すのに時間はかからなかった。もっとぜいたくな物件を作りたい、もっと大きなビジネスをしたい。トランプの中でその気持ちが次第に膨れ上がっていった。マンハッタンでアパートを借りて1人暮らしを始めて、独立への気持ちが高まっていたその年、トランプは父から会社の経営権を譲り受ける。今も彼が会長を務める会社トランプ・オーガナイゼーションが誕生したのである。

いまこそ知りたい

経営者としてのキャリアをスタート

人気の社交クラブに、強引に入会

晴れて一国一城の主となったトランプは、ビジネスを拡大させるため精力的に動いた。まずおこなったのは、人脈を広げることだった。トランプが目をつけたのが、当時ニューヨークで最も人気のあったクラブ「ル・クラブ」。多くのセレブが集まるこのクラブに入会すれば、自分のビジネスにとって好ましいパートナーが見つかるだろうと目論んだのだ。パーティー嫌いで知られるトランプだが、自分の利益のためなら喜んで社交場に顔を出す。損得に忠実なトランプらしい行動と言えるだろう。

最初、ル・クラブ側はトランプの入会を認めなかった。当時のトランプは駆け出しの実業家に過ぎないのだから、当然だ。それでもトランプは諦めなかった。そして持ち前の行動力と強引さで、ついにクラブへの入会を果たしたのであった。ル・クラブでトランプは様々な人と出会った。大金持ちの男と談笑を交わし、ときには美女とデートを重ねたという。

ネットワークを確実に広げていったトランプは１９７３年、ヴィクター・パルミエリと出会う。当時破産を申請していたペン・セントラル鉄道の財産処分を担当する会社のボスである。パルミエリとの出会いが、トランプに独立後初めてのビッグビジネスを呼び込むのであった。

Everett Collection / Shutterstock.com

父の会社を引き継ぐ形で経営者になると、すぐさま成功。この裕福そうな雰囲気はどうだ

タフな交渉に成功して名を広める

パルミエリとパートナーシップを結んだトランプは、翌１９７４年にウォーターフロントの土地を購入する権利を得た。

当初はこの土地にアパートを建設する計画だったが、諸般の事情によりコンベンションセンターを建てることを思いつく。そして１９７８年、ニューヨーク州とニューヨーク市は、トランプの土地を買い上げてコンベンションセンターを建てることを発表。長い時間と手間ひまをかけたタフな話し合いが、ついにまとまったのである。トランプはその交渉力をいかんなく発揮したのであった。

経営者になって最初のビッグビジネスは、利益こそ83万３０００ドルとそれほどでもなかったが、トランプの名を一躍ニューヨークに知らしめることになる。ドナルド・トランプの不動産王としての第一歩は、こうして印《しる》されたのであった。

いまこそ知りたい

ビジネスの師匠は父のフレッド

高卒1年目で一戸建てを購入するヤリ手

仮にトランプの父親がフレッド・トランプでなかったならば、ドナルド・トランプは決して不動産王になることはなかっただろう。幼いころから建築現場を訪れることはなかったし、仕事を手伝うことで不動産のイロハを学ぶこともなかった。当然、独立時に父親から１００万ドルの融資を受けることがあるはずもない。確かにトランプは一代で財を築いた大実業家だが、そのきっかけとなったフレッドこそ、トランプの師匠と呼ぶにふさわしい人物だろう。

フレッドが生まれたのは１９０６年のこと。幼少期にスウェーデンから家族でアメリカに移住した。父が酒に溺れていたせいで子供のころから一家の家計を支え、高校を卒業後は建築業者に就職。頭角を現すようになったのは、24~25ページで触れたとおりである。

その後もフレッドは仕事に打ち込み、なんと高校卒業後わずか1年で、一戸建ての家を購入した。その家は５０００ドルで建て、後に７５００ドルで売ったというから、ガッツだけではなく商才にも長けていたようだ。それからすぐ、フレッドは自分の会社「エリザベス・トランプ&サン」を設立する。家を売った資金を元手に新しい家を建て、そして売却。これを繰り返すことで、着々と財産を増やしていったのであった。

写真：AP/アフロ

若かりしころのトランプ（右）と、彼にビジネスを叩きこんだ父のフレッド

息子も受け継いだ徹底的コスト削減

トランプは徹底したコスト管理で知られるが、これは父から受け継いだものだろう。フレッドはとにかくコストを下げることに腐心していた。仕事の性質上、利益を上げるにはそうするしかなかったというのもあるが、それを差し引いても尋常ではないコストカッターぶりだったようである。これはフレッドがあらゆる物のコストを熟知していたからできたことだと、トランプは自伝に綴っている。

また、トランプは同じく自伝に『父はまた信じがたいほど厳しい現場監督だった』とも書いている。部下がミスすると（ときにはミスをしていないときですら）激昂することで知られるトランプがそう言うくらいなのだから、フレッドはそれはおっかないボスであったことだろう。

フレッドは1999年にこの世を去った。遺産額は2億5000万ドル～3億ドルにのぼったという。

いまこそ知りたい

グランド・ハイアット&トランプ・タワー秘話

手練手管で建てたグランド・ハイアット

トランプが手掛けた代表的な建設物のひとつがグランド・ハイアットだ。

１９７４年、トランプはビジネスパートナーであるパルミエリからコモドアというホテルが経営難に陥っていることを聞く。コモドアはニューヨークのグランド・セントラル駅のすぐ隣という好立地。トランプはすぐさまこのホテルを買い取ることを決断した。

トランプはこのビジネス成功に向けて、積極的に動いた。粘り強い交渉の末にニューヨーク市から税の軽減措置を勝ち取り、一流のホテル経営会社ハイアットを仲間に引き入れることにも成功。25万ドルの手付金を求められたときには、難癖をつけて支払いを引き延ばすというセコイ手を使ったこともある。手練手管を駆使し、ついにコモドアを買収することになったトランプは、古臭い内装を全面改装する。中でも力を注いだのはロビーだった。手すりや柱は黄金色に輝く真鍮をあしらい、床には大理石を使って絢爛《けんらん》な作りにした。地上52メートルに作ったガラス張りのレストランも注目を集め、グランド・ハイアットと改称されたホテルは年間３０００万ドルの利益を上げる人気ホテルとなった。後のトランプ関連物件にも見られる「とにかくド派手に」という建築スタイルは、このときに産声をあげたのである。

haveseen / Shutterstock.com

トランプ・タワー（左）とグランド・ハイアットはトランプ物件の代名詞的存在

ティファニーで交渉を

もうひとつの代表的なトランプの物件が、トランプ・タワーだ。

後にトランプ・タワーとなる土地には、ボンウィット・テラーというブティックが建っていた。これが売りに出されることを知ったトランプは、さっそく交渉に乗り出す。狙いは建物そのものではなく、面積が広く立地も抜群なこの土地である。トランプはここに高層ビルを建てることを計画していたのだ。

交渉の途中でこの土地が安価に手に入れられそうだと知ったトランプは即座に仮契約を結ぶ。続いて、土地の隣にあるティファニーの空中権を５００万ドルで買い取るなど一歩一歩計画を進めていき、１９８３年、全面ガラス張りの高層ビル、トランプ・タワーは完成したのであった。

商業的にも大成功を収めたこのビルが、トランプの名をアメリカ中に轟かせることになる。

いまこそ知りたい

カジノ経営で天国と地獄を味わう

トランプ、カジノ業のおいしさを知る

トランプがカジノ進出を考え出したのは、１９７５年のこと。この年、ラスベガスのホテルでストライキがあり、ヒルトンホテルの株価が大暴落した。ヒルトンホテルは世界中に１５０以上あり、ラスベガスにあるのは２軒だけにもかかわらずである。これを不思議に思ったトランプは、さっそく調査した。すると、ラスベガスにあるたった２軒のカジノつきホテルだけで、会社全体の純利益の40%をあげていることがわかったのである。

カジノはホテルよりもずっと儲かる。そう確信したトランプは、カジノが合法化されているアトランティック・シティーの土地を手に入れた。大手ホテルチェーンのホリデイ・インという新パートナーと非常に有利な条件で手を結んだトランプは、ついに自身初となるカジノ付きホテル「トランプ・プラザ・ホテル・アンド・カジノ」（以下トランプ・プラザ）を建設する。

ホテルの総工費は２億１８００万ドル。現在の日本円で約２４０億円もかかったが、収益性の高いカジノならすぐに返済できるだろうとトランプは考えていた。現にトランプ・プラザの年間利益は４０００万～６０００万ドル（44億円～66億円）というばく大なもので、トランプの懐をおおいに潤したのであった。

littleny / Shutterstock.com

カジノに進出した直後は、不動産業がバカらしくなるほど儲けまくっていたのだが……

カジノ3軒で順風満帆……のはずが

利益がばく大なカジノ経営に味を占めたトランプは、同じくアトランティックシティーに建設中だったヒルトン・ホテルを買収し、カジノ付きホテルにすることを決める。買収額は3億2000万ドル。

もちろんリスクは大きなものだったが、やはりカジノは儲かる仕事だった。トランプ・キャッスルと改称したこの施設は、初年度だけでなんと2億2600万ドルの総収益をあげたのである。

1988年には3軒目となるカジノをオープンする。その名はトランプ・タージ・マハル。世界遺産に数えられる歴史あるインドの霊廟を模した、ド派手なカジノだ。

トランプ・プラザ、トランプ・キャッスル、そしてトランプ・タージ・マハル。3軒のカジノの利益で、トランプのビジネスは順風満帆に進むはずだった。だが、突如、トランプを悲劇が襲う。それはトランプが後に何度も体験する破産という名の悲劇だった。

いまこそ知りたい

カジノ破綻で人生初の挫折

トランプが破産した3つの理由

トランプのカジノ経営が破綻した原因は大きく3つあった。

ひとつはトランプの経営方針だ。ある日、トランプはカジノのお得意さんに調子を尋ねた。「今日はすっちまったよ」。それを聞いたトランプは「そいつはいい」と笑顔を見せたという。そう、損得に忠実なトランプは客の負けがうれしくて仕方なかったのだ。気持ちはわかるが、目の前で客が負けたことを喜ぶカジノオーナーなんて、客に取ってみれば不快でしかない。トランプだってそれくらいはわかっていただろうが、損得に忠実であるがゆえに抑えきれなかったようだ。こうして優良客の多くがトランプのカジノを去っていったのである。

ふたつ目は施設が豪華すぎたことだ。確かにリッチな店は多くの金持ちを呼び、ギャンブラーたちに現実感を失わせて金を浪費させたことだろう。だが、豪奢な施設はそれだけに維持費がかかる。ばく大なランニングコストは真綿で首を絞めるように、トランプの財政状況を圧迫していった。

そして3つ目は不動産ブームの終焉である。それまでの好景気が嘘のように、世の中は不景気になっていった。真っ先にダメージを受けたのが、カジノなどの娯楽費。無論、トランプが経営する3軒のカジノの売り上げもどんどん下がっていった。

破産後数年で見事に復活！

トランプ・タージ・マハルがオープンしたその月、収益は約3500万ドル（約38億5000万円）にも達した。かなり良い金額だが、そのぶんトランプが経営する残り2軒のカジノの収益が大幅に減少してしまったのである。

そこに不景気も加わると、稼ぎ頭であったトランプ・タージ・マハルですらも赤字に転落してしまった。トランプは自分だけではどうすることもできなくなり、銀行から6500万ドルの緊急融資を受けることになる。これによりトランプは3軒のカジノを抵当に入れざるを得なくなってしまったのだった。

そして連日の金策もむなしく、ついにトランプは破産する。多くの資産を売却し、飛行機事業などのビジネスからも撤退をよぎなくされた。初の挫折を味わったトランプ。再びの好景気を後押しに不死鳥のように復活するのは、これから数年後のことである。

Krista Kennell / Shutterstock.com

破産をしてもすぐさま復活する不死鳥トランプ。
そのタフさは多くのファンを引きつける

1946-2016

ゴージャス&ダイナミック!

ドナルド・トランプ年表

History of Donald TRUMP

1946(年)
アメリカ合衆国ニューヨーク市クイーンズ区に生まれる

1959
わんぱくがすぎたことから、父の命令でニューヨーク・ミリタリー・アカデミーの8年生に編入させられる

1964
ニューヨーク・ミリタリー・アカデミーを卒業。フォーダム大学入学

1966
不動産学を学ぶため、超名門のペンシルベニア大学大学院ウォートン校に入り直す

1968
ペンシルベニア大学大学院を卒業。すぐに父の会社「エリザベス・トランプ&サン」で働き出す。

1987
トランプ・プラザでボクシング世界王者(当時)のマイク・タイソンの初防衛戦興行を開催

1988
大統領選挙にトランプが出馬との噂が出るが、結局不出馬

1990
カジノ経営が行き詰まり、34億ドルの負債が明らかになる

1992
経営するカジノが経営破綻。妻・イヴァナと離婚

1993
不倫関係にあったマーラ・メイプルズと結婚

1994
このころからビジネスが復調。エンパイア・ステート・ビルを買収

同年、ベトナム戦争の徴兵の身体検査がおこなわれるが、〝なぜか〟不適格で兵役を免除

1971
マンハッタンに拠点を移し、父の会社を継ぐ形で経営者のキャリアをスタート。後に社名を「エリザベス・トランプ&サン」から、「トランプ・オーガナイゼーション」に変更

1977
モデルのイヴァナ・ゼルニーチコヴァと結婚。新妻にインテリアのデザインを手がけさせる

1980
買収したコモドア・ホテルをグランド・ハイアットとして開業させる

1981
後に絶世の美女として話題になる娘イヴァンカが誕生

1983
マンハッタンに豪華複合施設トランプ・タワーをオープン

1999
2人目の妻マーラと離婚

2000
改革党から大統領選に出馬するも、あえなく敗退

2004
リアリティー番組「アプレンティス」に出演。一躍、お茶の間の人気者になる

2005
スロベニア出身のモデルで現在の妻であるメラニア・ナウスと3度目の結婚

2009
サブプライム問題がきっかけとなり、トランプ・エンターテインメント・リゾーツ社が倒産。しかし、すぐさま復活

2015
アメリカ大統領選への出馬を表明

2016
共和党の指名候補の座を確実にする

column.1

トランプ大学は「詐欺だ！」と生徒たちから非難ごうごう

トランプは2005年に自身の資金を基に「トランプユニバーシティ（トランプ大学）」を創設した。このトランプ大学は主にオンラインを用いて、不動産学などを学べるというもの。だが、これがトラブル続きなのだ。

そもそも、このトランプ大学は大学とうたっているというのに、学位を取得できない。学生たちから抗議されたため、2010年に「トランプ・アントレプレナーシップ・イニシアティブ」に名称を改めている。

抗議だけでなく、訴訟に発展したケースもある。3万5000ドル（約385万円）もの高額の授業料を取っておきながら、授業はホテルの宴会場でトランプが講演をするだけで、教科書は図書館で誰でも借りられるごく普通の本だったことから、「詐欺だ」と集団訴訟を起こされたのだ。トランプ大学は5000人以上から授業料をだまし取り、その被害総額は4000万ドル（約44億円）にものぼるとか。裁判の行方やいかに。

リッチになれる極意を学べると思っていたはずが、内容はスカスカ。学生たちからは一斉にブーイング

TRUMP

いまこそ知りたい

chapter 2

トランプと政治

いまこそ知りたい

色物トランプが怒涛の快進撃

最初は泡沫候補と目されていたが……

トランプは全米を、いや全世界を代表する不動産王である。一方で、その人となりの評判は決してよろしくない。発言はいたって下品で、テレビのリアリティーショー「アプレンティス」では実に感じの悪いキャラを全面に出し、お茶の間のアンチヒーローになった。そして２００７年には、プロレス団体ＷＷＥの最大のイベント「レッスルマニア」に登場。同団体のオーナーであるビンス・マクマホンをバリカンで丸刈りにしてみせた。

早い話、トランプは有名な実業家であると同時に、全米屈指の色物でもあるのだ。そんなトランプが大統領選立候補を表明したのは、２０１５年６月のこと。トランプ・タワーにメディアを集めて、共和党の候補者争いへの出馬を表明したのである。

対立候補はもちろん、ほとんどのメディアは彼を泡沫候補の一人と考えていた。現にトランプが掲げる政策は実現不可能としか思えないものばかりで、真の大統領候補の一人として取り上げるメディアは皆無に等しかった。多くの識者も「知名度が高いだけのトランプが、金に物を言わせてまた派手なことをやってるよ」と一笑に付していたのである。だが、実情は違った。荒唐無稽と思われた政策を掲げるトランプを、アメリカ国民の多くが支持したのである。

a katz / Shutterstock.com

泡沫候補というより、キワモノ扱いだったトランプ。誰がこの躍進を予想しえただろう

トランプの勢いに対立候補が次々撤退

ＣＮＮテレビの世論調査によると、２０１５年６月時点でトランプの共和党候補における支持率は、ブッシュ候補に次いで2位だった。７月に入るとこれが逆転。トランプはトップの座に躍り出て、以降順調に支持率を伸ばしていった。

それでも有識者の多くは、トランプ人気は一過性のものと予想していたが、事態は急変する。２０１６年2月のニューハンプシャー州の予備選挙でトランプが初勝利したのである。その後もトランプは連戦連勝。そのたびに舌鋒は鋭くなり、これにアメリカ国民が熱狂。さらに支持率を急上昇させていった。

対立候補は次々と敗北を認めて、選挙戦から撤退。最大のライバルであったクルーズ候補も、インディアナ州の予備選挙に敗れると撤退を表明し、色物に過ぎなかったはずのトランプが共和党の統一候補に事実上決定したのであった。

いまこそ知りたい

どうして大統領選に立候補したのか？

２０００年の大統領選では敗北

トランプが大統領選の出馬を正式に表明したのは、２０１５年6月のこと。だが、実はトランプはこれよりはるか昔から、アメリカ大統領の座に興味を持っていたのである。アメリカのインターネット新聞ハフィントン・ポストが報じたところによると、トランプは１９８５年の共和党大会で作家のウェイン・バレットに「自分もいつか大統領になりたい」と言っていたという。

また、１９８８年のテレビ番組出演時に「大統領選に出馬すれば、自分が当選するだろう」と自信満々に語っている。つまりトランプは30年以上も前から、アメリカ大統領になることを〝夢〟ではなく〝目標〟として温めてきたのである。

実はトランプは２０００年に長年支持してきた共和党から改革党にくら替えして、大統領選挙に出馬している。このときは今回のような高い支持率を得られず、カリフォルニア州では勝利をおさめたものの結果は敗北した。

その後、大統領になる目標は引っ込めたものと誰もが考えていた。しかし実際は違っていた。トランプは虎視眈々と機をうかがっていたのである。そしてその機は選挙戦敗北から12年後に訪れることになる。

Christopher Halloran / Shutterstock.com

「偉大なアメリカを再び」が立候補の真の理由なのか。それとも他に思惑が……？

周到な準備で満を持しての出馬

２０１２年、大統領選挙がおこなわれた。改革党→民主党→共和党と支持政党をくら替えしてきたトランプは、共和党のロムニー候補をバックアップしていた。しかしロムニーはオバマに惨敗。このときトランプは、大統領候補の支持者という役割に失望していた。常にリーダーであった彼は、地味な裏方では満足できなかったのだ。やはり自分が先頭に立つべきだと気づき、次期大統領選に向けて動き始めた。今回のスローガンである「Make America Great Again!」を商標登録したのも、ちょうどこのころである。

無論、大統領選に向けての勝算は持っていた。「アプレンティス」で獲得した絶大な人気、貧富の差に怒りを抱えた低中所得層は、アメリカ第一主義でビジネスに強い自分を支持してくれるであろうという確信。満を持して大統領選に出馬したトランプにしてみれば、今のフィーバーは想定内だったのかもしれない。

いまこそ知りたい

支持層は白人の低中所得層

仕事を奪われた白人の怒りを受け止める

アメリカ最優先の政策を掲げ、他国はアメリカに害するだけの存在と声高に演説するトランプ。その支持者の大半は白人層であり、特にプアホワイトと呼ばれる低中所得層が強く支持している。

低中所得層の白人たちがトランプを熱狂的に支持する理由は、アメリカが抱えている失業問題にある。アメリカには毎日のようにメキシコから大量の不法移民がやってくる。彼らはとても安い賃金でも仕事を受けるため、多くの白人層が仕事を奪われてしまう。年収２００万円台など珍しくなく、中には年収が十万円単位まで落ち込む者もいるほど激減しているのが実情だ。

トランプは不法移民は即刻強制送還するべきだと公言しており、メキシコ人がこれ以上アメリカに入ってこれないよう国境に万里の長城を築くという政策も掲げている。仮にこれが実現すれば不法移民はアメリカを追放され、彼らに奪われていた仕事が白人たちの元に戻ってくる。だから仕事を奪われて苦しい生活を送るプアホワイトたちは、トランプを強く支持するのである。

一方で高収入の白人層は、トランプを支持していない。トランプが大企業に有利な税制改革をすると言っているにもかかわらず、である。その理由はいたって単純。公約どおりの税制改革がなされた場合、アメリカ経済が破綻することをわかっているからだ。

Olya Steckel / Shutterstock.com

トランプを支持するのは低中所得層の白人。いわゆるプアホワイトと呼ばれる人たちだ

黒人差別団体との繋がりが報じられて

トランプへの支持を表明する者の中には、きなくさい団体がある。白人至上主義団体KKK（クークラックスクラン）である。KKKは黒人への暴力、放火などを繰り返す差別団体であり、凶悪な犯罪組織でもある。「この団体の支持を受け入れるのか」と記者に問われたトランプは、「どの団体かわからないので非難はできない」ととぼけたことから非難が殺到した。

実はトランプの父フレッドはKKKに加入していたと報じられたことがある。トランプはこれを否定しているが、彼の行き過ぎたアメリカ第一主義は、父の差別的思想を受け継いでいると指摘する者は少なくない。

トランプ支持を表明する数少ない有名人の一人がジュリアーニ元ニューヨーク市長。ジュリアーニは保守的な思想の持ち主であるが、トランプとは長年の友人関係にあることから、彼を支持しているというのが真相のようである。

いまこそ知りたい

トランプ人気はなぜここまで沸騰したのか？

「もう弱いリーダーは嫌だ」が米国民の本音

トランプ人気をここまで押し上げた理由は、大きくわけてふたつある。

ひとつは、アメリカ人が強いリーダーを求めていたことだ。アメリカはいわずと知れた最強の軍備を誇る国。軍事費は推定で年間6000億ドル（約66兆5000億円）にもなる。核弾頭保有数はロシアに次ぐ2位だが、それでも7650発程度を保有。経済力においてもGDPは16・77兆ドル（約1860兆円）で、ダントツの世界一位だ。

そんな強国アメリカの国民は、その強さにふさわしい指導者を求めていた。しかし、現大統領であるオバマはその期待に応えられていない。弱腰の外交がイスラム国の増長を招き、国際協調路線が国力の弱体化を誘発したとアメリカ国民の多くが失望しているのである。

そこに現れたのがトランプだった。「アメリカを再び偉大な国にする！」をスローガンに、軍事面においてはイスラム国には核兵器を使うと豪語し、経済面においては中国製品の輸入関税を45％に上げると発言。このような無茶な政策であっても「ビジネスでライバルたちを圧倒してきたトランプならば、本当にやってくれるに違いない」という希望にも似た期待感が、多くのアメリカ国民の心をわしづかみにしたのである。

mikeledray / Shutterstock.com

トランプは決して媚中外交を表明していないが、中国系アメリカ人からも人気を集める

自由の国にふさわしい自由な大統領

ふたつめは、トランプが大富豪であるがゆえに、献金に頼らなくてもよいということだ。大統領選に出馬した候補者たちは、選挙資金の多くを企業や国民からの寄付によってまかなっている。国民からの小口の寄付ならまだしも、大企業から多額の寄付を受け取ると、彼らに対して有利な政治をおこなわなくてはならなくなることは、容易に想像がつくだろう。つまり、大企業の操り人形にされてしまう可能性が高いのだ。

大富豪のトランプは、寄付をまったく必要としない。大統領になったあかつきには、自分のやりたい政策を誰に気兼ねすることなくおこなうことができる。

トランプは自由の国アメリカに最もふさわしい自由な大統領候補であり、だからこそ人気を獲得した。それだけに彼が大統領になった際、誰かの顔色をうかがうようなことがあれば、劇的な支持率低下を招くであろうことは言うまでもないだろう。

いまこそ知りたい

なぜトランプは大量のアンチを生んだのか？

女性やイスラム教徒から憎悪を集める

トランプには熱狂的な支持層が多数いる一方、アンチも決して少なくない。多くの批判者を生んだ理由は、当のトランプにある。具体的にいうと、その差別的かつ下品な言動の数々だ。トランプは過去に気に入らない女性を「太った豚」「グズ」と品性の欠片もない言葉で見下してきた。テレビ討論会で女性司会者からこれについて突っ込まれると、あろうことかトランプは彼女を「頭がからっぽの女」とまで言い切ったのである。

さらに女性司会者に対して「彼女は質問するときに目や体のいろいろな場所から血が流れていたんだ」と発言。生理中であることを暗喩したものであると、女性団体をはじめ各方面から大バッシングを受け、多くのアンチトランプの女性を生む結果となった。

女性アンチと並び、イスラム教徒の多くもトランプのことを嫌っている。それもそのはず。トランプはイスラム教徒のアメリカ入国禁止を訴えるとともに、「イスラム教徒は良識のない人々」と暴言をかましたのである。まるで全員がテロリストだと言わんばかりの扱いに、イスラム教徒は当然激怒。さらにホワイトハウスの報道官も「有害な発言である」と批判し、トランプはさらに多くのアンチを自身の口が原因で作ったのである。

a katz / Shutterstock.com

トランプの顔に×を書いて、不支持を表明するアンチ層。彼らのトランプ嫌いは根強い

訴訟をちらつかせてメディアを言論弾圧

メディアの多くはトランプに対して批判的だ。誤解のないよう先に断っておくが、これは各メディアの政治的なスタンスによる攻撃ではない。共和党寄り、民主党寄りにかかわらず多くのメディアが、トランプを非難しているのである。

USAトゥデイ紙では「トランプが大統領になれば、アメリカはいじめの国になる」という旨の記事を掲載。トランプが大統領になることへの警鐘を鳴らしている。

トランプの暴言や無茶な政策を考えれば、こういった報道は当然といっていいのだが、当のトランプは度重なるバッシング報道に大激怒。各メディアに対して訴訟も辞さないと脅した。言論弾圧とも言えるこの行為は、当然メディアの反発を招いた。こうしてトランプはまたもアンチを増やしていったのである。無論、ヒラリーとの一騎打ちになればさらに発言が過激化してアンチを激怒させるのは、火を見るより明らかである。

いまこそ知りたい

味方であるはずの共和党にも嫌われるトランプ

共和党を破壊していったトランプ

２０１６年6月現在、大統領選挙の共和党統一候補はトランプが選ばれることが確実となっている。だが実はトランプは正式な共和党の党員ではない。それどころか、ここ10年以上もライバルの民主党を応援し、多額の献金をしてきたのである。ではなぜ共和党の候補に立候補したかというと、それが大統領への近道だと確信していたからに他ならない。

今回の大統領選挙に向けて、共和党は同党の党員、支持者たちの信頼を獲得できずにいた。金持ち優遇の税制に加え、福祉の切り捨て、そして少しも上向かない経済状況がその原因である。「共和党に投票しても、自分たちの暮らしはよくならない」。そんな共和党支持者たちの怒りをトランプは見逃さなかった。「豊かな生活を送りたいなら、これまでの共和党ではなく私に投票すべきだ」と言い続けたのだ。

その結果、共和党員の中でも特に保守的思想の強い者はトランプに傾倒していった。昔からの幹部にしてみれば、おもしろいはずがない。何しろこれまで築きあげてきた保守派としての主義、思想がトランプとその支持者たちによってまったく別の色に塗り替えられてしまうからだ。そこで党幹部は一計を案じた。トランプのライバルとなる対立候補をバックアップしたのである。

トランプのライバルと目されていた共和党のクルーズだが、トランプの勢いの前に敗北

共和党員なのに民主党に投票を決意

しかし、ジェブ・ブッシュやテッド・クルーズら共和党が推す候補たちが束になってかかっても、トランプ一人の人気に太刀打ちできなかった。

予備選挙の結果を見て勝ち目がないと悟った候補者たちは、選挙戦から次々と撤退。そしてついに政党が乗っ取られるような形で、トランプが共和党統一候補になることが事実上決定したのである。

古くからの共和党の党員や支持者は、この結果にひどく失望。自分たちが愛した共和党を壊したトランプには、多くの者が怒りを露わにした。

中には共和党の伝統や主義主張をぐちゃぐちゃにしてしまったトランプが憎いあまり、大統領選では敵であるはずのヒラリーに投票すると決めた党員も少なくないとか。

そう、トランプは政党政治というシステムすらも破壊してしまったのである。

いまこそ知りたい

アンチトランプを表明しているセレブたち

ハリウッドセレブがこぞって批判

政治の話をあまりしない日本の芸能界と違って、アメリカの有名人たちは積極的に自分の政治的ポリシーを語り、支持する政治家を応援する。その逆もまた然りで、トランプはメディアや市民団体だけでなく、多くのセレブたちからもバッシングを受けている。

「パイレーツ・オブ・カリビアン」などで知られるハリウッド俳優ジョニー・デップはその一人だ。トランプを揶揄するパロディー映画に出演するなど、大のトランプ嫌いとして知られるデップは「トランプが当選したら、アメリカ最後の大統領になるだろう」と発言している。つまりトランプが大統領になったら、アメリカという国そのものが崩壊してしまうと言っているのだ。

「オーシャンズ11」のジョージ・クルーニーは、トランプを「日和見主義者で外国人嫌いのファシスト」と激しく非難。トランプのライバルとなるヒラリーを自宅に招いて、ファンドレイジング（寄付金を集めるパーティー）をおこなう予定だという。

歌手のマイリー・サイラスは、トランプの圧勝劇に「悪夢」と失望。「もしも大統領になったら移住する」とまで言って、トランプ嫌いを公言している。他にも映画監督のマイケル・ムーアや女優ジェニファー・ローレンスもトランプを批判している。

現職大統領という立場にありながら、大統領候補のトランプに苦言を呈したオバマ

現大統領オバマも公然とトランプ批判

現大統領であるオバマも、トランプを批判する者の一人だ。２０１５年10月には、「労働者たちの怒りや不安をトランプ氏は利用している」と、選挙戦略のあり方を非難している。

トランプが演説内で日韓両国の核保有を容認する発言をした際には「外交をわかっていない」「(日韓両国との同盟関係の）重要性をわかっていない人には大統領になってほしくない」と、アンチトランプの立場を強調した。

さらに「大統領は真剣に取り組むべき仕事であり、テレビのリアリティーショーではない」と、お説教さながらの苦言を呈したこともある。

だが当のトランプはオバマの批判など、どこ吹く風。それどころかオバマが伊勢志摩サミットで来日の際に広島を訪問したことについて「哀れだ」と発言。自身は被爆者に謝罪するつもりは毛頭ないことを露わにした。

いまこそ知りたい

選挙活動中にトラブル連発

支持者の暴力を容認するような発言

さすがは歩く暴言男と呼ばれるだけあって、トランプの選挙活動にはトラブルが付きまとう。これまで相次いでいるのが、集会中の抗議活動だ。２０１６年3月11日ミズーリ州での集会では、トランプの差別的言動への抗議が殺到した。これに対してトランプは「ああいうヤツがアメリカをダメにする」「外につまみ出せ」と応戦。警察が出動する事態となり、32人が拘束された。

その翌日、オハイオ州の集会では、トランプの演説中に男がステージに上がってこようとする事案が発生。警備員に取り押さえられたために大事には至らなかったが、このときもトランプは「つまみ出せ！」と言い放っている。ちなみにトランプはステージの上で演台に手をつき、頭をすくめていたという。

また、集会を予定していたイリノイ州の会場では、トランプに抗議するデモ隊が支持者と衝突。支持者がデモ隊を殴るなど暴力ざたに発展した。これに対してトランプは冷静になることを求めるどころか、「(暴力をふるった) 支持者の訴訟費用は私が持つ」と、まさかのバックアップを約束。それどころか「集会の邪魔をした者は、次はもっとひどい目にあうと学んだだろう」と発言。まるで暴力を肯定し狂信的な支持者を煽るようなコメントは、当然バッシングの対象となった。

トランプの集会はトラブル続き。混乱を防ぐために、しばしば警察が動員される

ストーンズに楽曲停止を求められる

トランプの集会ではローリング・ストーンズの曲がたびたび使われるが、これにストーンズ側が待ったをかけた。今後一切、トランプがらみのイベントでは楽曲の使用は許可できないと通達してきたのだ。

実はトランプとストーンズは旧知の間柄。といっても断じて友達ではない。1989年、トランプはストーンズのライブを開催しようとしたのだが、出演料の件で大モメしたという歴史がある。それに加えて、ストーンズのボーカル、ミック・ジャガーは大統領候補としてのトランプも支持していないことから、楽曲の使用停止を求めたようだ。

ところがトランプは「私は曲を使う権利を買っている」と、ストーンズ側の要求を受け入れていない。ちなみにエアロ・スミスやニール・ヤングといった名だたるロッカーたちも、トランプに対して楽曲使用をやめるよう伝えている。

いまこそ知りたい

アメリカ銃乱射事件。そのときトランプは？

死者50人以上。過去最悪の銃乱射テロ

アメリカ中を震撼させる痛ましい事件が起きたのは、２０１６年6月12日深夜2時ごろ（現地時間）のことであった。アメリカはフロリダ州オーランドの同性愛者クラブ「パルス」に男が侵入。持っていたライフルと拳銃を次々と発砲したのだ。少なくとも50人が死亡、けが人は53人と発表された。50人という死亡者数は、アメリカ国内の銃撃事件において過去最悪の死者数である。

警察の発表によると、犯人はフロリダ州に住むオマール・マティーン容疑者（29歳）。マティーン容疑者は「パルス」に侵入すると、銃を乱射したのちに多くの客を人質に立てこもった。その後、特殊部隊が突入。犯人はその場で射殺された。

この事件の後、イスラム国は運営する通信社を通じて「同性愛者が集まるナイトクラブへの武装襲撃は、イスラム国の兵士によるものだ」と犯行声明を出した。マティーン容疑者は犯行前に緊急通報の番号に電話をかけ、イスラム国を賛美する発言をおこなっていたというから、この銃撃テロがイスラム国によるものであるのは確実だ。

オバマ大統領は「まだ捜査段階だが」と前置きしたうえで、「これはテロ行為であり、憎しみの行為である」と述べている。

パリのテロ事件の傷も癒えぬうちに起きた銃乱射テロ。イスラム国への対策は急務だ

イスラム国叩きでノーベル平和賞受賞!?

この事件を受けてトランプは、ツイッター上で「イスラム過激派に関して（自分の考えは）正しかった」「（イスラム教徒の入国は）厳しく対処しなければいけない」と主張。イスラム教徒への締め付けを強くするべきという考えを改めて強調した。

トランプはイスラム国は徹底的に叩くことを宣言してきた。これに眉をひそめていたアメリカ人の中には、今回の事件で考えが変わる者も少なくないのではないか。なにしろ、今回の銃乱射事件はアメリカ本土で起きたテロである。9・11後と同じように、反イスラム感情が強烈に高まるであろうことは想像に難くない。

トランプは2016年2月、ノーベル平和賞に推薦された。当時は「何をバカな」と笑う者が多くいたが、トランプが大統領になってイスラム国せん滅を成し遂げたならば、イスラム憎しの国民感情の後押しもあって、ノーベル賞受章は現実のものとなるかもしれない。

いまこそ知りたい

ゼロからわかる大統領選挙①　～共和党と民主党の違い～

貧困層が支持する民主党。エリートが支持する共和党

トランプが立候補した共和党、ヒラリーが立候補した民主党。このふたつの政党は、アメリカの二大政党と呼ばれる。この項では、共和党と民主党の違いについて説明していく。

☆民主党

【歴史】リパブリカンズから分裂した民主共和党が改名して、１８２８年結党。

【基本的な思想】公共事業などで積極的に経済介入する「大きな政府路線」。宗教的にはリベラル。

【福祉・税制】社会保障を厚くすることを重視し、富裕層には相応の納税を求める。

【支持層】有色人種、貧困層、労働組合など

★共和党

【歴史】黒人奴隷制反対者が集まり、１８５４年結党。

【基本的な思想】政府の経済への介入を最小限にする「小さな政府路線」。宗教的には保守。

【福祉・税制】社会保障よりも個人の自由を尊重、富裕層は大幅に減税する。

【支持層】エリート層、増税を支持しない各企業、全米ライフル協会など

民主党のシンボルは雄のロバ。一方の共和党のシンボルは象で、風刺漫画がその由来

実は民主党に近いトランプの理念と政策

共和党と民主党の違いは、他にもまだまだある。例えば外交。民主党は中国との関係を深めることに力を注いでいるが、一方の共和党は日米関係を重視している。

党のシンボルマークは民主党がロバ。民主党最初の大統領であるアンドリュー・ジャクソンは、ある日「雄のロバ」と揶揄された。ところがジャクソンはこれを気に入り、そのままシンボルにしてしまったのである。共和党のシンボルは象。風刺漫画家が共和党を象として描いたことが由来である。

さて、ここまで読んで気づいた人も多いかと思うが、トランプは共和党から立候補したはずなのに、思想や政策は民主党に非常に近い。その党の理念や政策に共感する者が集まるのが政党政治の基本のキである。これをまったく無視するトランプが大統領になったら、二大政党という枠組み自体が無くなるかもしれない。

ゼロからわかる大統領選挙② 〜候補者と投票者〜

大統領への立候補は最低でも35歳以上

◎誰が大統領選に立候補できるのか?

【条件1】アメリカ国籍の親から生まれていること。もしくは、アメリカ国内で生まれていること。

【条件2】35歳以上であること。【条件3】14年以上アメリカ国内に住んでいること。

【条件4】大統領を2期務めていないこと。

これらの条件を全て満たしている者は、たとえ無所属であっても大統領選に立候補することができる。とはいえ、アメリカの政治は民主党と共和党の二大政党が中心で、それ以外の政党の候補や無所属候補が得票数を伸ばすことはまずあり得ない。その証拠に過去100年の大統領選挙では、得票数1位の座は民主党と共和党で分け合っている状況だ。

もちろんトランプも条件を全てクリアしている。条件1……父も母もアメリカ国籍で、トランプ自身もアメリカで生まれている。条件2……立候補表明時点で69歳。条件3……生まれも育ちもニューヨーク。条件4……大統領選立候補は2回目だが、過去に大統領になったことはない。

Anthony Correia / Shutterstock.com

ヒラリーの夫ビル・クリントンは大統領を2期務めているので、大統領選には出られない

予備選の投票権は主に各党の党員のみ

◎誰が大統領選に投票できるのか？
【条件1】アメリカ国籍を持っている。
【条件2】18歳以上。
【条件3】選挙人登録をしている。

投票できる条件はこの3つ。アメリカには永住権（グリーンカード）という制度があるが、この権利を持っていても投票することはできない。

日本では選挙が近づくと有権者に案内のハガキが届くが、アメリカでは自分で登録をする必要がある。これをして初めて、投票する権利を与えられるのである。

本選挙では3つの条件さえ満たせば投票権を得られるが、予備選挙の投票方式は州によって異なる。多くの州が採用しているのが、各政党の党員にのみ投票権が与えられるクローズド方式。一方、党員以外でも投票できるのがオープン方式。極端な話、ガチガチの民主党員であっても、共和党の予備選に投票が可能だ。

いまこそ知りたい

ゼロからわかる大統領選挙③ ～選挙の仕組みと流れ～

事実上の最終決戦は11月8日の本選挙

アメリカの大統領選挙は、①予備選挙→②党の全国大会→③本選挙→④選挙人投票という流れになっている。

予備選挙とは、民主党と共和党それぞれの代表1人を決める選挙のこと。トランプがクルーズやルビオといったライバルを蹴散らして事実上の勝利を収めたのが、共和党の予備選挙である。一方の民主党の予備選では、ヒラリーが事実上勝利した。

予備選挙で勝利した候補者は、民主党と共和党それぞれの全国大会へと駒を進める。ここで党の候補者として正式に指名されるのだ。この際、代議員総数の過半数が必要になる。共和党の代議員総数は2472人。トランプは予備選挙ですでに過半数を獲得しており、7月18日～21日に開催される共和党全国大会で、共和党の大統領候補に指名される見通しだ。

11月8日に開催される本選挙は、事実上の最終決戦の場。民主党と共和党、そして他政党の候補者や無所属候補が、大統領の座を巡って選挙戦に挑む。勝者は大統領になると思いきや、実は「大統領選挙人」になるだけ。選挙人投票というすっかり形式化した投票を経て、ようやくアメリカ合衆国の大統領に就任するのである。

【大統領スケジュール】

共和党

民主党

2015年夏

各党で候補者が大統領選への出馬を表明する。

2016年2月

共和党：**2月1日〜 予備選挙・党員集会**

2月1日のアイオワ州での党員集会を皮切りに、選挙戦は始まる。全米各州で予備選や党員集会が開催される。

民主党：**2月1日〜 予備選挙・党員集会**

2月1日のアイオワ州での党員集会を皮切りに、選挙戦は始まる。全米各州で予備選や党員集会が開催される。

2016年7月

7月18日〜 共和党全国大会

7月18日より、共和党の全国大会がおこなわれる。ここで党の指名候補を正式に決定する。

7月25日〜 民主党全国大会

7月25日より、民主党の全国大会がおこなわれる。ここで党の指名候補を正式に決定する。

し烈な選挙戦が展開!!

候補者は公開ディベートや遊説を通して、政策やポリシーをアピール。この出来次第で得票率が大きく変わる修羅場だ。

2016年11月

11月8日 大統領選一般投票日

事実上の大統領を決める投票が、全米各州で一斉に開催される。開票は即日おこなわれる。

2017年1月

1月20日 第45代大統領就任

一般投票の勝者が、ホワイトハウスで宣誓。晴れて第45代アメリカ合衆国大統領の座に就く。

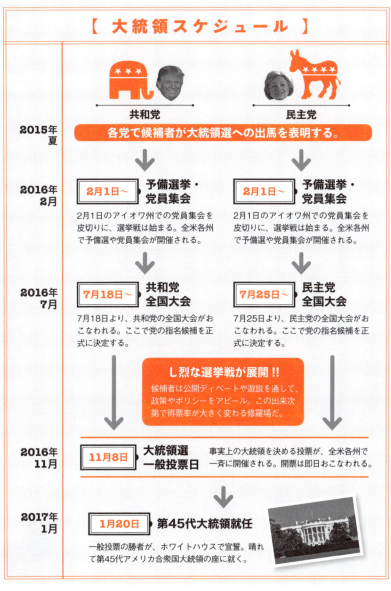

いまこそ知りたい

トランプが大統領になる確率は？

当選確率0％だったはずが大躍進

2015年6月、トランプは大統領選への出馬を正式に表明した。

記者会見に集まったメディアの記者たち、そのニュースをテレビや新聞で知った一般市民、そして政界関係者。ほぼ全てのアメリカ国民は、こう思ったことだろう「どうせトランプなんて受かりっこない」と。

では、当のトランプは100％大統領になれると思っていたかといえば、そうでもない。出馬表明から4カ月後のCNNの取材に対して「支持率が急落するようなら、選挙戦から撤退する」と発言。強気一辺倒なトランプらしくない弱気なコメントを残している。

だが、市民はトランプを熱烈に支持。気づけばトランプは共和党の指名候補者争いでダントツのトップを走るようになった。このころになると、それまでトランプを泡沫候補扱いしていた政治評論家たちも態度を変え始める。「トランプは大統領に選ばれるはずがない」と言っていたのが、「確率は30％」と言い出すようになり、ついには「50％の確率でトランプは大統領になる」と発言を上方修正していったのである。では、トランプが大統領になる確率はいかほどのものなのか、多方面から分析していこう。

a katz / Shutterstock.com

報道陣も最初はトランプが大統領になる確率は全くないと考えていたようだが……

トランプ大統領の確率は50%弱!?

アメリカの政治コンサルタント会社とニュージーランドの大学が運営する賭けサイト「プレディクトイット」は、2016年5月上旬時点で、民主党のヒラリーが勝つ確率は61%、共和党のトランプが勝つ確率は40%としている。だが、日が経つごとに差は縮まったというから、勢いはトランプにあるかもしれない。

ワシントン・ポストとABCテレビ合同の支持率調査では、トランプが46%でヒラリーは44%と大接戦。「好感を持てない」とした割合は、トランプ、ヒラリーともに57%とこちらも拮抗している。

これらの調査から予想するに、トランプの当選確率は50%をわずかに下回るくらいとするのが妥当だろう。ただしこれは、民主党の指名候補がヒラリーになった場合。知名度の高いヒラリー以外が勝ち残ったとしたら、そのときトランプが大統領になる確率は劇的に上昇するはずだ。

いまこそ知りたい

トランプ大統領でアメリカはどうなる？

口答えするスタッフには「お前はクビだ」

ことあるごとに「チェンジ」と言ってきたのは現大統領のオバマ。もしもトランプが大統領に選ばれたら、オバマとは比較にならないほどの大きな変化をアメリカにもたらすだろう。無論、いい意味だけでなく、悪い意味でも。

トランプが真っ先に取り組むのは、不法移民の排除だろう。オバマは不法移民のアメリカ滞在を許可するべく権限を行使したが、トランプはこれを反故にして強制送還に踏み切る可能性は低くない。当然、不法移民たちは反発。各地でデモや暴動が起きるが、新大統領はそんなのはお構いなしで不法移民の排斥を続行する。

そのころロサンゼルス国際空港は多くのアラブ系の人たちでごった返していた。トランプが公約どおりにイスラム教徒の入国を禁止して、片っ端から足止めしたからだ。大混乱に陥る空港。その映像はニュースとして世界中に配信された。ある者はトランプの独裁ぶりを「アドルフ・ヒトラー」のようだと揶揄し、またある者は「ムッソリーニの再来だ」と嘆いてみせた。中には強引な政策を今すぐやめるよう進言する閣僚もいた。ホワイトハウスの大統領デスクで椅子にふんぞり返りながら、トランプは正義感に燃える彼に向かって言う。「You're fired!」（お前はクビだ！）

Joseph Sohm / Shutterstock.com

スピーチをするトランプ。バックに控える軍艦が、彼の政治ポリシーを如実に表すようだ

トランプ政治を恐れて国民はカナダ移住

これらは、トランプが公約を実際におこなった場合のシミュレーションである。本選挙を控えたトランプは発言を現実路線にシフトしており、実際には過激な公約を行わないのではないか、と見る専門家も多い。

だが、トランプは海千山千の猛者を相手にしてきた男だ。実際の胸のうちをおいそれと明かすはずもない。

そんなトランプに恐怖を感じたのが、平穏な生活を望む善良なアメリカ国民たちだ。あの無茶苦茶な政策を本当に実行するのではないか。そんな不安にかられた彼らは隣国カナダへと移住する。

不法移民は国外退去になり、イスラム教徒は入国禁止、さらに国民のカナダへの流出と、アメリカの人口は減り、国力が低下する可能性は高い。

だが、トランプはそんなことは気にしないだろう。なぜならホワイトハウスの正面に「ＴＲＵＭＰ」の文字看板を冠する工事に口を出すのに、忙しいからだ。

いまこそ知りたい

トランプ大統領で日本はどうなる？

日本から在日米軍が撤退する可能性も

トランプは選挙演説の中で、日本に関する政策についても数多く発言している。その全てが日本にとっては不利……というか、とてもではないがイエスとはいえない政策のオンパレードだ。

例えば在日米軍について。トランプは日本側が経費全額を負担しない限り、在日米軍の全てを撤退させるとしている。日本は金を払わないくせして、米軍に守ってもらっているのがズルいというのだ。だが、日本はいわゆる〝思いやり予算〟として、アメリカに事実上の防衛費を支払っている。その額、年間で約１９００億円。決して少なくない額なのだが、トランプは納得していない。もしくは思いやり予算自体を知らないという説もあるが……。

仮に日本から在日米軍が撤退しても、そのときは核兵器を保有すればいいとトランプは言う。言うまでもなく日本は被爆国。その日本が抑止力ではあるとしても核兵器を持つべきか否かは、右派左派内でも意見が分かれる非常に難しい問題となるだろう。中国や韓国はじめアジア諸国とのバランスを取る必要もある。これをきっかけにして政局が大混乱に陥るのは明白だ。経済や社会保障、少子化問題といった真っ先に手を打つべきことがないがしろにされてしまう。トランプが大統領になるというのは、つまりそういう事態が起こりうる未来そのものを指しているのである。

トランプが大統領になったら、日本も変革を迫られる。安倍総理のかじ取りやいかに

日本車関税引き上げは影響が小さそうだが

トランプ大統領誕生で、経済的にも日本は変革を迫られることになるだろう。トランプは日本車の輸入関税を現在の2・5%から38%まで引き上げるとしている。これには日本の自動車メーカーも困った……かと思いきや、実際はそれほどダメージはない。日本車の多くは海外で現地生産されているからである。

問題なのは、トランプがアメリカの競争力が失われたとして、日本の円安を悪と見なしていることだ。為替相場にも積極的に介入していくことだろう。

円高、株安のリスクが上がって世界規模で経済は混乱する。特に強い影響を受けるのが、わが日本だ。なにしろトランプのやり方と、公的資金を投じて株価を上げるアベノミクスは反発しあうからだ。

アメリカが変われば、日本が変わる。私たち日本人は、トランプ大統領の誕生でそれを目の当たりにすることになるかもしれない。

トランプ
★★★
公約辞典

01

メキシコとの国境にメキシコの金銭負担で万里の長城を築く！

建築費用は約1兆1000億円！

トランプはアメリカとメキシコの国境を万里の長城で遮るとしている。目的はメキシコからの不法移民を国内に入れないため。不法移民は安い賃金でも仕事をするため、アメリカ人労働者層は仕事を奪われている。それを防ごうというのである。

万里の長城を築くにあたり、トランプは経費の全てをメキシコに負担させるとしている。アメリカCNNによると万里の長城の建設費用は最低でも約1兆1000億円だそうだ。メキシコ側にはアメリカへの不法移民を防ぐメリットは些少であり、そんなことに大金を使うつもりは皆無だろう。

仮に国境に万里の長城を築き、不法移民を排斥したとしよう。アメリカの経済は不法移民の安い賃金ありきで成り立っているので、経済バランスが著しく変化をきたす。急騰した人件費がインフレを招き、その余波で多くの会社が倒産するだろう。トランプの政策は国を救う薬ではなく、劇薬なのである。

支持層熱狂度	★★★★☆	これで仕事が増えると白人労働者層は大喜び。
国力貢献度	★★☆☆☆	急激な変革は国力低下を招きかねない。
他国協調度	★☆☆☆☆	メキシコとの友好関係は完全に無視。
実現可能度	★☆☆☆☆	メキシコが費用を持つ可能性はゼロに近い。

トランプ公約辞典 02

米国法で禁じられている「水責め」などの拷問を復活！

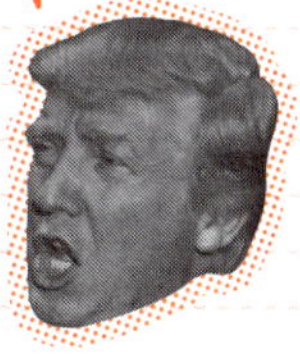

世論は徹底的なテロ叩きを支持

あるテレビインタビューでトランプは、テロの犯人の尋問については水責めなどの拷問を復活させるつもりだと明言した。現在の法律では捕虜に対する拷問は禁じられているが、法を〝強化〟することにより、拷問を許可すべきだというのである。

背景にあるのは、イスラム国の存在だ。ジャーナリスト後藤健二さん殺害のような残虐行為に対してトランプは「相手と同じやり方でプレーする必要がある。弱腰では勝てない」と、強硬姿勢を強調。また、自身が大統領になればテロ容疑者の家族の殺害を許可するとも発言している。

アメリカ国内ではイスラム国への地上部隊派遣を支持するかという電話調査では53％が支持し、オバマの対テロ政策は68％が不十分と答えた。テロは徹底的に叩くべきという論調が依然強い。「拷問」という前時代的かつ非人道的な行為も、テロ憎しの世論の後押しで法的に許可される可能性は十分にある。

支持層熱狂度	★★★★☆	共和党支持者の69％が地上部隊派遣に賛成。
国力貢献度	★★★☆☆	テロ憎しの国民感情をある程度フォローできる。
他国協調度	★★☆☆☆	「拷問」は非人道的と非難が相次ぐだろう。
実現可能度	★★★☆☆	日本人の想像以上にテロへの憎悪は深い。

トランプ
公約辞典
03

貧困層も富裕層も軒並み大減税！

減税はするけど、財源は心もとなし

トランプは所得税の最高税率を、現行の39・6％から25％に引き下げることを公言している。また、年収2万5000ドル以下（約275万円）の独身者もしくは世帯収入が5万ドル（約550万円）以下の夫婦は、所得税をゼロにするとも。

これには低中所得層は大歓喜……と思いきや、実際はそうでもない。トランプは同時に、法人税の最高税率も現在の35％から15％に引き下げているからである。これが大企業重視だと受け止められており、また、所得税最高税率の減税は富裕層にこそ多大な恩恵をもたらすと庶民は考えたのである。

誰にでもよい顔をする八方美人的な税制改革は、財源も疑問視されている。トランプは資産運用ファンドの報酬への課税を引き上げることで捻出すると発言しているが、それで足りるかどうかははなはだ疑問だ。ただ税収だけが落ち込んで、経済が大停滞する。そんな悪夢を予想する国民は決して少なくない。

支持層熱狂度	★★★★☆	富裕層も減税されるため、低中所得層は冷めぎみ。
国力貢献度	★★☆☆☆	財源が不透明な減税は、著しい国力低下を招きかねない。
他国協調度	★★☆☆☆	アメリカがくしゃみをすれば、世界がカゼを引くのは明白。
実現可能度	★☆☆☆☆	現実的な政策ではないが、トランプが強行するなら成立も。

トランプ公約辞典 04

シリアからの難民の受け入れは拒否する!

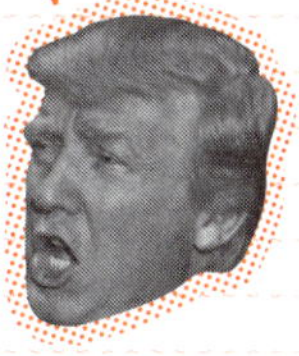

多くの国民は受け入れ拒否を支持

国連難民高等弁務官事務所（UNHCR）は、シリア周辺国へと逃れたシリア難民が400万人を突破したと発表した。ドイツは2015年だけで100万人のシリア難民を受け入れたが、トランプは自分が大統領になったら難民の受け入れを拒否すると発言している。

「イスラム国のメンバーかもしれない人間を、20万人もアメリカへ入れるわけにはいかない」。このコメントは、多くのアメリカ国民から歓迎された。もちろん、シリア難民が全てテロと繋がっていると断定するのは危険だが、アメリカは9・11同時多発テロの被害国だ。イスラム系に対して恐怖や警戒心を抱いてしまっている人たちが多いのは、仕方ないことかもしれない。

人道的な面だけを考慮すれば、移民受け入れは当然の選択だ。だが、トランプはアメリカ第一主義。国民の命や財産を守るためなら、いくらでも敵を作る。それが彼のやり方なのである。

›支持層熱狂度	★★★★☆	同時多発テロの影響で、イスラム系への警戒感は根強い。
›国力貢献度	★★★☆☆	歓迎すべき新しい仲間か、治安悪化を招くかは、まだわからない。
›他国協調度	★★☆☆☆	世界一の大国アメリカの答えによって、世界の選択も変わるだろう。
›実現可能度	★★★★☆	受け入れ拒否への支持率は高く、実現する可能性は高い。

トランプ ★★★ 公約辞典 05

中国製品の課税は45%にする！

低中所得層の怒りに応える形でTPP反対

日本でも、加入する、しないで議論が繰り広げられたTPP（環太平洋戦略的経済連携協定）。TPPの船頭役はアメリカだが、この国の次期大統領候補であるトランプは、TPPを「ふざけた政策」として、反対する姿勢を示している。

トランプの支持層は主に低中所得層の白人であり、彼らはTPPが雇用の低下や失業を招くことを危惧している。それに応える形で、TPPに否を唱えているのだ。

低中所得層からの支持が欲しいあまり、トランプは「中国製品の関税は45%にする」と公言。中国はTPPに参加していないが、安価な中国製品はすでにアメリカに出回り、国内の各業者にとって脅威となっているからだ。

トランプの強気な姿勢は支持者たちを熱狂させている。ちなみにトランプの娘イヴァンカが手がける服飾ブランドのスカーフは中国製で、燃えやすいという理由で回収を命じられている。

支持層熱狂度	★★★★☆	TPP破棄で生活が上向くと、トランプ支持層は信じている。
国力貢献度	★☆☆☆☆	45%の関税をかける国と、誰が付き合いたいと考えるのか。
他国協調度	★☆☆☆☆	中国から製品を買わず、売るのはケンカばかりなり。
実現可能度	★☆☆☆☆	実現の可能性がゼロなのは、トランプ自身もわかっているだろう。

トランプ 公約辞典 06

イスラム国は核兵器を使って徹底的につぶす！

オバマはトランプの発言を非難

トランプは自分が大統領に就任したら、イスラム国に対して激しい攻撃をすると発言している。しかも、そのためなら核兵器を使うこともいとわないと言っている。核兵器の威力は強大だ。イスラム国に大ダメージを与えるのは間違いないが、関係のない一般市民まで巻き込んでしまう可能性は高い。

オバマ大統領は「全てのイスラム教徒を悪魔と見なす攻撃的な発言だ」と非難している。だが、トランプの支持層たちや一部の保守派はその逆で、核兵器使用を肯定している。背景にあるのは、9・11テロに起因するイスラム教徒への憎悪だ。加えて、勢力を拡大するイスラム国が、いつまた米国内でテロを起こすかわからないという不安もある。

ドイツはフランスの要請に応えて、イスラム国攻撃作戦への参加を決めた。世界の潮流がイスラム国せん滅に傾く今、トランプの核攻撃案が実現する可能性は、決してゼロではない。

支持層熱狂度	★★★★☆	憎きテロリストを攻撃するためなら、何でもアリと考えている。
国力貢献度	★★☆☆☆	核兵器を使用した国というレッテルは、アメリカの株を下げるか。
他国協調度	★★★★☆	本当に実行しようとした場合、他国からの非難はまぬかれない。
実現可能度	★★☆☆☆	決してゼロではないが、実現する可能性は低いだろう。

トランプ
公約辞典
07

保険についてはオバマケアを撤廃！

他の政策に比べたら意外とちゃんと考えてる？

今回の大統領選挙では保険がひとつの争点になると言われているが、トランプはオバマケアを撤廃すると主張している。

オバマケアとは、簡単に言うと国民皆保険制度のこと。アメリカは約5000万人の人々が保険に加入しておらず、そういう人でも職場を通じて保険に加入できるようにした法律だ。

トランプはこのオバマケアの代わりに、医療貯蓄口座制度を拡大するとしている。医療にしか使えない口座を開設すると、その口座は税金が優遇されるというものだ。この制度で恩恵を受けるのは、高い保険料を払いたくない健康な人、全額自己負担で医療費を払える富裕層とされている。

その他にもトランプは、保険加入の義務付けを廃止、メディケイド（最低所得者向けの公的医療保険）の充実、医薬品市場をさらに自由化することで価格を下げることなどを掲げている。

支持層熱狂度	★★★☆☆	皆保険を支持する者もいて、賛否両論がある。
国力貢献度	★★★☆☆	メディケイドは破産すると、一部政治家は発言しているが……。
他国協調度	★★★☆☆	さらなる医薬品自由化で、市場を世界に開く。
実現可能度	★★★☆☆	他の公約に比べればだいぶ現実的で、実現のめどは立つ。

〝論理のカリスマ〟出口汪が緊急解説！

ドナルド・トランプの暴言&放言徹底分析

本書アドバイザー
出口汪

現代文入試問題を「論理」で読解するスタイルに先鞭をつけ、受験生から絶大な支持を得る「論理のカリスマ」。ベストセラー多数。

いまこそ知りたい

トランプの言葉はどうしてアメリカ人の心を揺さぶるのか!?

トランプ論法の極意は「単純化」

トランプの発言が話題になっていますが、確かに彼が発する言葉は下品であり、攻撃的であり、差別発言が多く見られることは否めません。あえて敵を作ること、すぐに信憑《しんぴょう》性のない数字を並べること、「偉大なアメリカ」などの鼓舞する言葉を連発すること、何でも敵と味方に峻別《しゅんべつ》することなどが、彼の代表的な手法でしょうか。

しかし、トランプには事の本質を直感的に見抜く天性の能力があるように思えます。そこで、トランプの暴言・放言を少し取り上げてみましょう。

「メキシコはベストではない人々、麻薬や犯罪を持ち込む人々を送り込んでくる。彼らは強姦魔だ。中には善良な人もいるかもしれないが」

「メキシコとの国境に『万里の長城』を建設し、メキシコにその費用を払わせる」

（ともに2015年6月16日大統領選出馬　表明会見より）


トランプが大統領選出馬表明をした時の有名な発言で、私はこの論法にトランプの人気の秘密が隠されていると思います。その論法とは、「単純化」です。

確かにメキシコからの不法移民が絶えず、彼らの一部は麻薬を密輸したり、犯罪を犯したりしていることは事実でしょう。だからと言って、「メキシコの一部の犯罪者」＝「すべてのメキシコ人」といった論法には大きな飛躍があります（もっとも「中には善良な人もいるかもしれないが」と付け加えることは抜け目ないのですが）。

アメリカの経済とメキシコなどの不法移民の問題は非常に複雑な事情が絡み合っているのですが、それをずばりと単純化して、攻撃する。単純化は短い時間でもインパクトを与えることができるテレビ向きの手法であり、さらにはそれによって分かりやすく、しかも、力強さを印象づける効果があります。かつて小泉元首相の郵政民営化選挙がその例です。

本質的問題を突きつける発言

また実際に「万里の長城」を建設し、その費用をメキシコに払わせることも現実的ではありません。しかし、細かい説明は一切省き、結論だけをズバリと述べるこの手法は、話題を提供し、民衆をあおることに長けています。


「アメリカが一歩引いても、日本は自ら防衛できるだろう」

「日本や韓国を守ることはできない。もっとカネを払わせろ」

「いつまでタダで韓国を北朝鮮から守ってやるのか」

「日本・韓国の核武装もあり得る」


これらはトランプが至るところで繰り返している、日本と韓国に関する発言です。確かに一方的であり、世界の現状を理解していないように思われますが、私は意外と本質を突いた問題提起ではないかと思っています。

今までのアメリカは覇権主義であり、世界の警察官を自認してきました。しかし、ベトナム戦争からイラク戦争まで、アメリカはたとえ戦争に勝利したところで、その後大混乱を招きました。その結果、莫大なお金を浪費し、多くのアメリカ人の命を奪いました。

トランプはもうアメリカはアメリカのことだけを考えろと問題提起をしたのであり、このような発言をするアメリカ大統領はおそらく今まで登場したことがないのではないでしょうか。

このトランプの発言は、翻って私たちに本質的な問題を突きつけます。もし、在日米軍がすべて引き上げたなら、憲法問題、自衛隊問題、核問題、沖縄問題など、私たちは改めて米軍抜きで、自分たちの国を自分たちでどう守るのかを真剣に考えなければならなくなります。もっともトランプの真意は米軍引き上げではなく、日本からさらに多くのお金を巻き上げることだとは思いますが。

column.2

メラニアはファーストレディーにふさわしくない!?

仮にトランプが大統領に就任した場合、ファーストレディーは現妻のメラニアがなる。メラニアは現在45歳だが、元モデルだけあって年齢よりもずっと若々しく、ファーストレディーにふさわしい美貌と言えるだろう。

また、メラニアは外国語に堪能とも報道されており、各国のファーストレディーとの会合ではその輪の中心となって、いわゆる夫人外交の面で活躍してトランプをサポートすることが予想される。

だが、そのメラニアに対して、ファーストレディーにふさわしくないと言う者がいた。トランプと同じ共和党候補、すなわちライバルであったテッド・クルーズだ。彼はユタ州の予備選前に、メラニアが15年前にGQ誌で披露したセミヌード写真をネットに掲載。「この人がファーストレディーになるのが嫌なら、クルーズに投票することができる」というキャッチコピーを添えたのだ。

だが、この程度でトランプの勢いはとまらず、クルーズは惨敗。セミヌードの件もさして問題にならなかった。

現妻のメラニアといい、娘のイヴァンカといい、トランプの周囲はとにかく美女だらけだ

TRUMP

いまこそ知りたい

chapter 3

トランプの暴言&迷言セレクト52

日本の安倍首相は殺人者だ。地獄の円安で、アメリカが日本と競争できないようにした。さらに、安倍はケネディ駐日大使を接待漬けにして、日本の言うことを聞かせるようにしている。

（2015年7月／アリゾナ州での演説より）

「殺人者」発言は「アメリカ経済を殺す」という比喩。とは言え、大統領を目指す人間が友好国の首相を殺人者呼ばわりするのはいかがなものか。この発言を記者から指摘されたときには、さすがのトランプもバツが悪そうに苦笑いを浮かべたという。

日米安保条約が憎い。

（2015年9月／エコノミスト誌のインタビューより）

「もし中国などが日本を攻撃したらどうするか」との質問に答えるなかで飛び出したひと言。その理由は「他国がアメリカを攻撃しても日本はアメリカを助けなくていいが、他国が日本を攻撃したらアメリカは日本を助けなければならないから」とのこと。

メキシコが送り込んでくる人々は、ベストな人材ではない。問題だらけで、アメリカに麻薬や犯罪を持ち込んでくる。彼らは強姦魔だ。なかには善良な人もいるかもしれないが。

（2015年6月16日／ニューヨークでの出馬表明より）

メキシコ移民について見解を述べた際、朗々と持論を展開。この発言を受けて、米NBCテレビはトランプに抗議。彼と共催している「ミス・ユニバース」の放映打ち切りを決めたほか、大手百貨店メイシーズもトランプブランドの紳士服を扱わないと発表した。

メキシコとの国境に「万里の長城」を建設し、メキシコにその費用を払わせる。

（2015年6月16日／ニューヨークでの出馬表明より）

メキシコからの不法移民の流入を防ぐ方法として南部の国境に城壁を築くと公約。アメリカでは中南米系の住民が増加の一途を辿っていて、2050年には国民の3人に1人になると予想されている。このため、国内のヒスパニックからも大きな反感を買った。

テロリストからの脅威からアメリカを守るため、イスラム教徒の全国民の諸情報を国に登録させるべきだ。データベース以外にも、いろいろなシステムを備えるべきだ。

（2015年11月19日／米NBCテレビのインタビューより）

パリ同時多発テロを受けて「イスラム教徒をデータベースに登録するべきか？」と質問された際の回答。後日、マスコミの突撃を受けた際には「君たちが報道で勝手に示唆したことだ。データベースを導入するとは言っていない」と苦しい弁明に終始した。

何が起こっているのかを我が国の指導者らが把握できるまで、イスラム教徒のアメリカ入国禁止を要求する。

（2015年12月7日／トランプ公式サイトの声明より）

ロサンゼルスの銃乱射事件を受けての声明。ちなみに2016年5月、ロンドン市長に就任したイスラム教徒のサディク・カーンに対しては「（入国は）例外」と発表。しかし、それを聞いたカーンは「私だけの問題ではない」と特別扱いを拒否。

7月11日、世界貿易センタービルが倒壊した直後……。

（2016年4月／ニューヨークでの演説より）

アメリカ同時多発テロに言及した際、テロが起きた日付「9月11日」を「7日11日（セブン・イレブン」と発言。日本では「きゅう・てん・いちいち」と呼ぶため間違えにくいが、英語では「ナイン・イレブン」のため、大手コンビニチェーンと混同した？

（9・11で）世界貿易センタービルがテロで崩壊したとき、ジャージーシティで何千人もの人が喝采を送っていた。

（2015年11月／アラバマ州での演説より）

ジャージーシティはハドソン川を隔ててマンハッタンと接する都市で、アラブ系住民やイスラム教徒が多いことで知られる地域。「そんな事実はなかった」との指摘が相次いだが、トランプは「テレビで見た」と子供のような言い訳に終始した。

私がニューヨーク5番街の大通りの真ん中で誰かを撃ったとしても、票を失うことはないだろう。

（2015年1月／アイオワ州での演説より）

自分には忠実な支持層がいることをアピールしたかったのかもしれないが、銃規制を巡る議論が活発化しているなか、さすがにこの発言は不用意すぎる。演説後、メディアからこの発言についての説明を求められたが、トランプは何も答えなかった。

(捕虜経験のあるジョン・マケイン上院議員に対して)
彼は捕らえられたからこそ、戦争英雄になった。私は捕虜にならなかった人が好きだ。
(2015年7月18日/共和党大会より)

ベトナム戦争で長期間、捕虜になった経験のあるマケイン(同じ共和党)を侮辱するかのような発言。その後、マケインは彼の失言・暴言も含めて「資質を懸念する」と発表した。しかし、2016年5月には彼を支持することを表明し、大人の対応を見せている。

(リンゼー・グラム上院議員について)
何だこの男は、物乞いか?
(2015年7月21日/サウスカロライナ州での演説より)

共和党の対立候補であるグラム上院議員が数年前、トランプに選挙運動の資金として献金を依頼してきたことを公衆の面前でいきなりの暴露。その後、立て続けに「物乞い」呼ばわりしたあげく、「取るに足らない人間」と切り捨ててみせた。

(リンゼー・グラム上院議員の携帯電話番号を読み上げたあと)**これが彼の正しい電話番号かは知らない。試してみるといい。優柔不断な男だが、話し相手くらいにはなるだろう。**
(2015年7月21日/サウスカロライナ州での演説より)

グラム議員を「物乞い」呼ばわりしたあと、電話番号をも暴露。この背景には、グラム議員から「マヌケ」と呼ばれたことに腹を立てていたという逸話がある。なお、電話番号は本当にグラム議員のもので、その後彼のもとにはイタズラ電話が殺到したという。

「Make America great again（強いアメリカを取り戻す）」は私のスローガンで、1年前に考えたものだ。私はこれを使い続けていて、みんなもこのスローガンを愛してくれている。

（2015年3月／自身のスローガンについての説明より）

一見、何の問題もない発言のように思える。しかし、このスローガン、実は第40代大統領のロナルド・レーガンが、1980年の大統領選で使用していたものとまったく同じなのだ。トランプは「自分が考えた」と主張しているが、果たして真相やいかに？

私を憎む人や負け犬たちは認めようとしないが、誰もが知っている通り、私はカツラではない。私の髪は完全ではないが、地毛だ。

（2013年4月25日／本人のツイッターより）

特徴的なヘアスタイルにより、たびたび"カツラ疑惑"が浮上するトランプ。そんな疑惑を一蹴するかのようにつぶやいたのがこちら。なお、2015年8月の会見でもカツラ疑惑を否定し、出席者を壇上に呼び、自分の髪を引っ張らせるパフォーマンスも披露。

ローマ法王が恐れるのは神だけかもしれない。しかし現実に目を向けると、資本主義が役に立つように願った方がいい。

（2015年8月19日／CNNインタビューより）

「もしもローマ法王から『資本主義は有害』と言われたら？」と質問され、「イスラム国はバチカンに侵攻したがっている」と返したトランプ。「それは法王に対する脅しか？」と尋ねられた際のコメント。巨万の富を築いた男の発言として純粋に興味深い。

（ローマ法王の「トランプ氏はキリスト教徒ではない」との発言を受けて）宗教指導者が人の信仰を疑問視するのは、恥ずべきことだ。

（2016年2月／サウスカロライナ州での選挙活動中に記者から質問されて）

メキシコを訪問したローマ法王は、トランプの移民政策案に対して言葉を慎重に選びながらも批判的なコメント。これを受けたトランプが反撃した格好だが、すぐさま「法王はメキシコ政府に間違った情報を与えられたのでは」と矛先を変えてフォローした。

（ビル・クリントンは）あのスキャンダルがなければ、偉大な大統領として名を留められたのに、お気の毒なことだ。もっと美人とヤッていたら、国民も許してくれたかも。

（1999年9月19日／『ニューヨークタイムズ』より）

1998年、当時現職の大統領だったビル・クリントンが起こした「モニカ・ルインスキー不倫騒動」について、持論を展開。「もっと美人とヤッていたら」という下品なジョークもさることながら、昔から過激な発言を繰り返していたことが窺い知れる。

あの女は、夫をロクに満足させられないのに、なぜアメリカを満足させられると思っているのか？

（2015年4月／本人のツイッターより）

「あの女」とは、ヒラリー・クリントンのことであり、当然「夫」とはビル・クリントン。過去に夫が起こした不倫騒動はヒラリー夫人の責任、と言わんばかりに挑発し、大統領選出馬を表明した彼女を揶揄。なお、この書き込みはのちに削除されている。

射殺以外に選択肢はなかっただろう。

（2015年6月1月／産経ニュースより）

2016年5月末、オハイオ州の動物園でゴリラの獣舎に入り込んだ児童を救うため、動物園側がゴリラを射殺。この対応に対し、トランプは園側の判断に理解を示した。ちなみに、この数日前に彼は、全米ライフル協会からの支持を取り付けたばかりだった。

報道陣は恥を知れ！（寄付金）**600万ドル近くを集めて感謝されても、報道陣に批判されて終わるのは世界で私くらいだ。**

（2016年5月31日／ニューヨーク市内での記者会見より）

同年1月、トランプは退役軍人の支援集会で寄付金を募ったが、その後の寄付先を明らかにしなかったことで、報道陣が献金先と収支の詳細を追究。これに対し、寄付先の全リストを公開して潔白を主張。会見40分の大半がマスコミへの暴言に費やされた。

日本を愛している。今後も日本を守っていければいいと思う。しかし、いつでも（駐日米軍が）**立ち去れる用意をしておかなくてはならない。日本は駐留費用の50%しか払っていない。なぜ100%払わないのだ。**

（2016年5月29日／退役軍人イベントの演説より）

かねてから日米安保条約に批判的な主張を繰り返していたトランプ。この日も米軍の駐留経費に言及し、撤退を匂わせていた。ただ、共和党の大統領候補指名獲得がほぼ確定し、大統領就任後の日米間を意識してか「日本を愛している」という前置きを強調した。

オバマ大統領が広島にいるが、それは構わない。謝罪しない限り、まったく構わない。誰が気にするものか。

（2016年5月27日／カリフォルニア州での演説より）

オバマ大統領が被爆地の広島を訪問したことについて、批判的な口調ながらも訪問そのものは問題視しない考えを示した。一部識者によると、この発言は民主党の本命候補であるヒラリー・クリントンとの対決を念頭に、軌道修正をはかる思惑があったとされる。

大統領は日本滞在中に真珠湾の奇襲について議論したのか？　何千人もの米国人の命が失われた。

（2016年5月28日／本人のツイッターより）

オバマ大統領の広島訪問について、前日のカリフォルニア演説では無関心を装ったトランプ。しかし、我慢できなかったのか、ツイッターで批判に転じた。支持層のひとつである退役軍人たちが広島訪問に批判的だったため、彼らを意識した発言との見方も。

アメリカは「世界の警察」はできない。アメリカが国力衰退の道を進めば、日韓の核兵器の保有はあり得る。

（2015年4月／本人のツイッターより）

米経済の回復を優先したいトランプは、巨額の資金を日本の防衛に費やす余裕はないと考えている。米軍撤退を匂わせつつ、北朝鮮や中国への抑止力として日韓の核保有を認める方針だ。核兵器廃絶を訴える日本との関係や、世界の安保秩序に関わる発言である。

民主党のクリントン前国務長官は「トランプは核武装を望んでいる」と訴えているが、そんなことは言ったことがない。彼女は嘘つきだ。

（2016年5月27日／カリフォルニア州での演説にて）

日本の核保有容認発言についてヒラリー・クリントンが苦言を呈したところ、トランプは「言っていない」と彼女を非難。いわゆる記憶にございません……ではなく「『核武装を望む』なんて言い回しはしていない」という、言葉尻を捕まえての反論と思われる。

マヌケな王子アルワリード・タラルが、パパのオカネでアメリカの政治家を操ろうとしている。私が当選すれば、そうはいかなくなる。

（2015年12月12日／本人のツイッターより）

トランプの「イスラム入国禁止」発言を受けて、サウジアラビアの富豪タラル皇子が「大統領選から撤退しろ」とツイッター上で口撃。トランプは皇子のアカウントにつぶやき返して挑発。アラブの王子とアメリカ大統領候補の応酬は、高い注目を集めた。

君はクビだ！

（2004年1月～／NBC『アプレンティス』より）

リアリティー番組『アプレンティス』でホストを務めたトランプの決め台詞。彼が出す課題に参加者が挑戦し、最後まで勝ち残った参加者はトランプの経営する企業に本採用される。脱落者を発表する際、トランプが宣告するこのフレーズはアメリカで流行語に。

『アプレンティス』に出演している女たち全員は、意識してか無意識にか俺に色目を使っている。

（2004年／著書『金のつくり方は億万長者に聞け！～大富豪トランプの金持ち入門～』）

『アプレンティス』の魅力は、何と言っても最後のひとりまで勝ち残ったときの正社員雇用。晴れてトランプの会社に迎え入れられれば、最初の1年で年俸25万ドルが手に入る。その報酬目当てか、はたまた彼の色眼鏡か、彼には参加女性がこう見えたらしい。

（メディアに）**何を書かれたって、若くてきれいな女がいれば、たいしたことないんだ。**

（1991年／男性誌『エスクァイア』インタビューより）

「英雄色を好む」と言いたいのか。不倫を報じられても、相手が美女ならば気分がいいということか。なお、この発言から1年後、トランプは女優との不倫が原因で離婚。その女優と再婚したが、1999年に再び離婚し、2005年に3番目の妻と再々婚している。

彼女は、ありとあらゆる馬鹿げた質問を私に投げ掛けはじめた。彼女の目から血が流れ出ていたのが分かったよ。彼女のどこからであれ血が出ていた。

（2015年8月7日／CNNインタビューより）

「彼女」とは、共和党大統領予備選討論会で司会を務めたメーギン・ケリー。女性軽視が目立つトランプに対し、彼女は厳しい質問を連発。討論会終了後、彼女が自分に厳しかった理由として「生理中」をほのめかす発言をした結果、大ひんしゅくを買った。

シリア難民はイスラム国かもしれない。彼らが何者で、どこから来たのか見当もつかない。オバマ大統領の弱腰のせいで難民が入ってきたとしても、私が大統領に就任したら出て行ってもらう。

（2015年9月30日／CNNインタビューより）

オバマ政権がシリア難民の受け入れ枠を広げると示したことを受けての発言。移民同様、外国人の流入に対しては一貫性がある。高い失業率のまま難民を受け入れた欧州諸国をかんがみれば、自国の経済回復を優先とするトランプの考えも分からなくはない。

司会者：中絶に対して罰を与えるべきだと思いますか？
トランプ：**何らかの罰を設けるべきだろう。**
司会者：女性に対してですか？
トランプ：**はい**

（2016年3月30日／MSNBCインタビューより）

かつては中絶支持派だったが、現在のトランプは反対派。彼の発言が放送されるやいなや、批判の声が殺到してしまった。妊娠反対派の団体からも「的外れな発言」と反論される始末。反響の大きさに、すぐさま「法的責任を負うのは医師」と発言を修正した。

（リック・ペリー前テキサス州知事は）**知的な人間だと見せかけるために眼鏡をかけているが、無駄だ。**

（2015年7月21日／サウスカロライナ州での演説より）

共和党内の対立候補に対する放言。このコメントに続けて「世間は、あの眼鏡の奥を見通せる」と、とにかくリック・ペリーは無能だとアピール。それにしても、ここまでくると、よく次から次へと他人の悪口を思いつくものだと逆に感心してしまう。

私は金のために取引するのではない。金ならもう十分持っている。

（1988年／著書『トランプ自伝』より）

1988年出版の自伝の書き出し文がこちら。いきなり自慢かと思う人もいるかもしれないが、彼の成功を考えれば嫌みとは感じられない。取引そのものに魅力を感じるとのことで、画家がキャンバスに絵を描くのと同様に、彼は取引を芸術と捉えているそうだ。

私は負けず嫌いで、勝つためならば法の許す範囲ならばほとんどなんでもすることを隠しはしない。ときには競争相手をけなすのも取引上の駆け引きのひとつだ。

（1988年／著書『トランプ自伝』より）

大統領選に出馬表明後、共和党・民主党関係なく暴言を吐いたのも納得。相手をけなすのは昔からのことで、彼にとっては駆け引きなのだろう。しかし、競争相手に限らず、手当たり次第に喧嘩を売っているような印象を受けるのは気のせいだろうか。

私は、ビル・クリントン大統領がやった北米自由貿易協定を廃止し、いま提案されているＴＰＰもゴミ箱に放り込むことを、皆さんに誓約する。

（2016年2月19日／『朝日新聞』朝刊より）

TPP反対派のトランプは、もし大統領になったらTPPには署名せず、北米自由貿易協定を見直してメキシコ・カナダと再交渉することを表明している。TPPはアベノミクスの柱に位置づけられているため、日本に与える影響は非常に大きい。

中国とは仲良くやっていけない。メキシコの幹部連中とも仲良くやっていけない。どちらとも仲良くはやっていけない。同時になってますます無理だ。

（2015年9月16日／CNN共和党候補者テレビ討論より）

彼の辞書にオブラートという言葉はない。中国とメキシコ、どちらもアメリカの労働者から仕事を奪うためか、名指しで友好を築くのは難しいと公言。自国第一主義とは言え、大統領選勝利後も同様の発言が続けば、さすがにアメリカが孤立するのではという指摘も。

悲しいことだが、オバマが大統領として愚かな仕事をしてきたせいで、数世代は黒人大統領にお目にかかれないだろう！

（2014年11月25日／本人のツイッターより）

大統領選の出馬表明から半年以上も前につぶやかれたオバマ批判。以前からトランプはオバマの政策に否定的で、「アメリカは大馬鹿野郎どもが国を治めている」「ヤツは『チェンジ』という言葉を使ったがイマイチだった」など、よくオバマに噛み付いている。

どうせ何か考えるなら。大きく考えた方がいい。

（1988年／著書『トランプ自伝』より）

子供のころから物事は大きく考えるのが好きだったというトランプ。その理由は「大抵の人は控えめに考える。成功すること、決定を下すこと、勝つことを恐れるから」と述べ、彼にとっては、こうした考えの人間は非常に扱いやすいのだと述べている。

人は私を「積極果敢な考え方をする」と言う。しかし実際には、私は消極的な考え方をよしとする。商売ではきわめて慎重な方なのだ。

（2008年／共著『あなたに金持ちになってほしい』より）

意外にも、取引ではつねに最悪を予想して臨むとのこと。最悪の事態に対処する方法を考えておけば、何があっても大丈夫なのだという。それに引き替え、発言には慎重さが足りないような気もするが、まさか最悪の事態になると分かっていながらの言動だった!?

イラクはテロリズムのハーバード大学。

（2016年2月16日／サウスカロライナ州での演説より）

イラクにおけるアメリカの軍事政策を批判した際に飛び出した名文句。いまやイラクは「テロリストの教練場」と称し、彼に言わせると中東の独裁者であるサダム・フセインやムアマ・カダフィがまだこの世にいれば、世界はもっとましな状況だったという。

パリ協定は時代遅れ

（2016年5月26日／ノースダコタ州での会見より）

パリ協定とは、温室効果ガス削減に向けた国際枠組みで、2015年12月に採択されたもの。条約加盟国すべてが参加する枠組みとして歴史的な合意を受けたが、トランプは「労働者に不利益で国益に反する」と批判し、大統領に当選したら参加を取り消すと表明した。

もしロシアがイスラム国を攻撃したいなら、私はそれで構わない。

（2015年9月30日／CNNインタビューより）

ロシア軍のシリア空爆はイスラム国を狙ったもので、問題はないとの見解。トランプはアメリカが「世界の警察」になることに反対で、不干渉を貫く様子。ただし「ロシアはアメリカに対する敬意がない」と、とりあえず相手に文句を言うことだけは忘れなかった。

ヒラリーは多くの女性を傷つけてきた。それは、彼（ビル・クリントン）の不倫相手の女性たちだ。

（2016年5月7日／ワシントン州での演説より）

ビル・クリントンの不倫は、ヒラリーが助長したと攻撃し、さらに不倫相手の何人かはヒラリーによって追いかけ回されて人生をめちゃめちゃにされた……というのだ。しかし、具体的な例は一切挙がらず、一部メディアからは「奇妙な発言」と報じられた。

共和党を統一する必要はない。

（2016年5月8日／テレビ番組のインタビューより）

大統領選で共和党の指名獲得を確実したトランプだったが、党内からは不支持の声が高まり、分裂が懸念されるほどの事態に。しかし、当の本人は気にする様子など一切なかったばかりか「民主党員からも数百万の票を得るだろう」と余裕の構えまで見せたのだった。

習近平が訪米したら、私ならビッグマックでもてなす。

（2015年8月24日／フォックステレビのインタビューより）

9月に予定されていた中国・習近平国家主席の訪米について、もしも自分が大統領だったら公式晩餐会は開かずに、マクドナルドのハンバーガーを振る舞うと述べた。なお「ビッグマックは通常の2倍の大きさにしても構わない」と、謎のサービス精神も口にしていた。

集会の中止はサンダースのせい。

（2016年3月12日／イリノイ州シカゴでの談話より）

トランプの集会が大規模な抗議デモによって中止に追い込まれた際、デモ参加者が民主党の立候補者バーニー・サンダースの名前を唱えていたことから、彼がデモを扇動したと非難。なお、抗議集団がサンダース支持派だったことは事実だが、彼とは無関係だった。

今や私は共和党の推定大統領候補であり、その私が予備選2位の人物と討論するのは不適切だと判断した。

（2016年5月27日／カリフォルニア州での演説より）

民主党の大統領選立候補者のひとりバーニー・サンダースとの討論番組が予定されていたが、トランプは討論に参加しないと発表。理由は「いまや私は共和党の推定大統領候補であり、その私が予備選2位の人物と討論するのは不適切だと判断した」と説明した。

アメリカは、日本に何か買わせたか？ 牛肉を輸入したが、日本は買いたがらない。これは貿易不均衡だ。

（2015年8月／MSNBCインタビューより）

巨額の貿易赤字を抱えるアメリカ。貿易相手としての日本は、トランプにとっては敵だ。日本から何百万台もの車が輸入されているが、日本は何も買ってくれないと不満を漏らしている。また、中国に対しても同様で、中国商品に高関税をかける提案をしている。

混乱させるのはいいことだ。世界の多くの国は私たちを酷使し、利用しているからだ。

（2016年5月27日／記者会見より）

失言の多いトランプに対し、オバマ大統領は「G７の首脳たちを混乱させている」と苦言を呈した。しかし、トランプが悪びれもせずに反論した際のコメント。大統領に当選することになれば、その混乱の場に身を置くのはトランプ自身になるのだが……。

金正恩と会談することに何の問題もない。

（2016年5月／ロイター通信のインタビューより）

オバマ政権は核開発を続ける北朝鮮に対し、絶対に妥協しない姿勢を示し、経済制裁を強化していた。しかし、トランプは大統領になった暁には北朝鮮との会談も示唆している。同国の核開発に対しては「中国に大きな圧力をかける」との案を述べている。

あの顔を見てみろ。誰が投票する？

（2015年9月／米ローリング・ストーン誌より）

共和党の女性対立候補カーリー・フィオリーナがテレビに映った際、「次期大統領の顔じゃない」と容姿を批判していたことが暴露されてしまった。なお、ネットなどでは「お前だって次期大統領の髪型じゃない」など、トランプの容姿への批判が相次いだ。

column.3

トランプを青ざめさせたギャンブル王・柏木昭男

1990年当時、トランプはある１人の日本人とし烈な戦いを演じていた。日本人の名は柏木昭男。不動産業と貸金業で巨万の富を得た実業家であり、オーストラリアのカジノで29億円を儲けた伝説のギャンブラーである。

トランプ・プラザを訪れた柏木は連戦連勝。その様子を見たトランプは怒り、そして青ざめ、ついには柏木を勝ちすぎだとして一度は追い出してしまう。

だが、腹心からの助言もあって柏木からもっと金を搾り取れると判断したトランプは、どちらかが18億円勝つか負けるまで続ける大勝負を挑む。

バカラでおこなわれた勝負はトランプが勝ち、柏木は３億円の借金を背負う。これを機に柏木は世界のどのカジノにも姿を見せなくなった。そして勝負から２年後の1992年、柏木は自宅で惨殺される。他の借金のせいで外国マフィアに殺されたという説もあるが、真相は謎のまま事件は時効を迎えている。

バカラ賭博といえば、政界の暴れん坊こと故・浜田幸一議員も5億円の借金を作ったこともあった

TRUMP

いまこそ知りたい

chapter 4

50億ドルを稼ぐビジネス術

いまこそ知りたい

なぜトランプは50億ドルを稼げたのか

したたかでも強欲にはなるな！

50億ドル以上とも言われる巨額の富を、わずか一代で稼いだ不動産王ドナルド・トランプ。いったい、彼はどのようにしてビリオネアの座に就いたのか。

トランプ自身は「私の取引は単純明快。狙いを高く定め、求めるものを手に入れるまで押して押して押しまくる」と語っている。まさにイメージ通り強引なタイプのように思えるが、実際には手堅い手法の賜物と言える。

まず第一に、彼はビジネスマンとしては非常に慎重なタイプだ。プライベートでもビジネスでもギャンブルは行わない。アトランティック・シティでのカジノ建設は良い例で、彼がボードウォーク近くでカジノ経営をはじめるとき、ホリデイ・インがパートナーになることを申し出てきた。このとき、相手が出した条件は「トランプが用地買収に投じた費用、建設費用のすべてを負担する代わりに、利益の半分を渡すこと」だった。

周囲からは「利益の半分を手放すのは損だ」とする声もあったが、トランプは迷うことなくホリデイ・インの条件を受け入れた。リスクをひとりで負担して利益の１００％を得ることよりも、リスクなしに50％の利益を得る方を選ぶ。したたかな性格だが、決して強欲ではないのだ。

徹底したコスト管理でムダを省け！

また、彼はコスト管理も徹底している。壮大なプロジェクトを計画するときも、必ず妥当なコストで実現できるかが基準だ。そして、成功後も金に物を言わせて好立地を購入するようなことはしない。むしろ、既存の立地の価値を高める方法を編み出した。

トランプ・タワーが成功すると、彼はこの建物がある5番街よりも価値の低い3番街の土地を購入した。トランプという名前に一定のブランドが生じたことを利用し、3番街に豪華なトランプ・プラザを建設。この結果、富裕層がトランプ・プラザを求めるようになり、3番街を価値の高い土地へと押し上げている。

リスクヘッジやコスト削減など、基本に忠実とも言えるのがトランプのビジネス術の特徴である。ただし、彼のビジネスの根底には「上手な取引」が存在し、トランプが言うには「取引は生まれ持った天賦の才」なのだとか。

Joseph Sohm / Shutterstock.com

豪華な建物を建てるときでも、トランプはよけいなコストをかけないよう心掛けている

いまこそ知りたい

市場調査と経験に裏打ちされた直感

自分自身の調査を基に決断を下す

不動産業界に限らず、あらゆるビジネスにおいて市場調査は欠かせない。世の中には市場調査を専門とする会社も存在するほどで、その必要性はあらためて説明するまでもないだろう。当然、トランプも市場調査を重視しているが、ここでポイントとなるのは、彼はアナリストの意見やリサーチ会社の情報をまったく信用していないという点だ。では、何を信じるのかというと〝自分で見聞きした現場の情報〟である。

トランプは、調査から決断にいたるまで、その多くを自分の足と頭で行ってきた。気になる土地があれば、必ず現地を訪れる。そして近隣の住民に話し掛け、学校・治安・商店などのあらゆる情報を得るようにしている。また、知らない町でタクシーに乗るときは、運転手に町のことを細かく尋ねるという。こうして自分の行動から得た現場の情報を、何よりも重視しているのだ。

トランプの調査方法は自己流だが、有名なコンサルティング会社よりも早く、安く、正確な情報だと自負している。事実、その情報をもとに下した決断により、これまでにあまたの有利な取引を成功させてきた。そして、今回の大統領選挙でも白人の低中所得層は自分を支持するとしたマーケティングは、見事に的中させている。

Joseph Sohm / Shutterstock.com

現場の声とそれを取捨選択する自身の決断を信じるトランプ。それが現在の成功を招いた

アナリストなどの意見は完全に無視

彼が決断を下すときに重視するのは〝直感〟だ。直感という言葉は、トランプのインタビューや著書などにもひんぱんに登場するキーワードである。しかし、これを読んだ人が、ビジネスの場で直感にしたがって決断したとしても、必ずしも成功するとは限らないので注意してほしい。なぜなら、トランプの直感は豊富な知識と経験によって成り立っているからだ。

トランプは創造的なアイデアを生み出すときにも、直感が関わっていると考える。トランプ・タワーを建設する際には、外観から内装のデザインにいたるまで多くの直感が働いたそうだ。当初、建築評論家たちから酷評を受けたものの、大衆に受け入れられて大成功を収めたあと、手のひらを返すように賞賛へと転じる声が高まったそうだ。

この経験から、彼はアナリストとリサーチ会社以外に評論家の意見も信用しないと決めているそうだ。

いまこそ知りたい

50億ドルを稼ぐ勝者の宣伝力

刺激を求めるマスコミを上手に利用

トランプは宣伝による影響力を重視している。特に好んで実践したのは〝トランプ自身の宣伝〟だ。自身を宣伝するため、彼が目を付けたのはマスコミである。いつだってマスコミは記事に飢えていて、センセーショナルな内容を好む。その習性を利用したのだ。だからこそ、彼は論争の的になることを気にも留めず、奔放な言動と野心的な取引で話題をさらってきた。また、若くして成功を収めた彼は、ぜいたくな生活を隠そうともしなかった。結果、マスコミは嬉々としてトランプの記事を書くようになったのだ。もちろん、すべてのマスコミが彼を好意的に取り上げたわけではない。批判的な記事も多いが、彼はそれもまた迎合していたという。なぜなら、批判記事によるデメリットよりも、話題になったことで得られるメリットの方がはるかに大きいと考えているからだ。

顕著な例として、トランプは著書『トランプ自伝』のなかで「テレビジョン・シティ」を挙げている。1985年、マンハッタンのウエスト・サイドに100エーカーの土地を購入したとき、地元住民でさえ土地の存在を知らなかったという。しかし、彼がこの土地に「世界一高いビルを建てる」と発表すると、マスコミは一斉に飛びついた。

Joseph Sohm / Shutterstock.com
ときに大胆な言動と行動で、メディアを翻弄する。それが宣伝になると熟知しているのだ

話題になるだけで勝ち！

『ニューヨーク・タイムズ』は一面でこの記事を掲載し、人気ジャーナリストのダン・ラザーは夕方のニュースで取り上げた。各紙の論説委員や建築評論家もこぞって意見を述べ、大きな注目が集まったのだ。すべての記事が世界一のビルに肯定的な記事を書いたわけではない。しかし、多くの目に触れたことで、プロジェクトの価値が高まったと彼は述懐している。

いわゆる〝話題づくり〟として、批判的な見方をする人も少なくない。しかし、どれだけ揶揄されようが、話題になれば勝ちである。大統領選に共和党から出馬した当初、彼は泡沫候補のひとりに過ぎなかった。しかし、堅実な公約を並べる〝地味〟な候補を尻目に、過激な発言でマスコミの話題をさらった彼は、共和党の代表の座を手に入れてしまった。この結果が、何よりも雄弁にトランプの宣伝戦略の効果を物語っていると言えよう。

いまこそ知りたい

トランプに学ぶ交渉術

交渉の要はレバレッジ＝交渉時の優位性

「取引を愛している」「取引は芸術」など、随所で取引に対する熱い胸中を吐露しているトランプ。数々の大きな取引を成功させてきた彼の交渉術には、どのような秘密が隠されているのか。

彼が交渉においてもっとも重要視しているのは「レバレッジ」だ。直訳は「てこの作用」で、経済用語としては「小額の資金で大きな金額を取引できること」などの意味を持つ。しかし、トランプはこれらの意味で使用しておらず、〝交渉時の優位性〟をレバレッジと呼んでいる。

そもそも、彼にとって交渉時の最大のタブーは「何が何でも成功させたい」という素振りを見せることだという。自分が必死になると、相手はそれを察知する。そうなれば、相手に有利な取引が進んでしまうからだ。だからこそ、彼はレバレッジを重視する。交渉時、相手が〝望むもの〟、相手が〝必要なもの〟、そして相手が〝なくては困るもの〟を用意すれば、交渉の主導権を握り、有利な取引ができるのだという。

とは言え、つねに自分がそうしたものを用意できるとは限らない。それでもレバレッジを利用するため、ときには想像力とセールスマンシップを働かせて、相手に「この取引は得だ」と思わせるテクニックが必要だ。

Joseph Sohm / Shutterstock.com

トランプ自身はギャンブルはやらない。だが、交渉というゲームでは無類の強さを発揮する

「ハイボール」で高い要求を飲ませる

たとえば、ある企業がトランプとの提携を決めた理由は「ほかの提携候補よりも、トランプの方が建設工事が進んでいると判断したから」だった。ただし、実際にはトランプ側の工事はたいして進んでいなかったという。このとき彼はあらゆる手を尽くし、工事が進んでいるような印象を与えた。そして、相手の関心が建設工事の進度だと確信した後に、ここぞとばかりに竣工を早めるように尽力し、提携を勝ち取ったのだ。

また、トランプは交渉術のセオリーとして有名な「ハイボール」も多用している。ハイボールとは、本来の要求よりも高い要求をつきつけることで、相手が要求を飲むラインを上げるという交渉法だ。

「メキシコの国境に壁を建設」「イスラム教徒の入国禁止」など、極端とも言える発言をハイボールだと考える有権者も多く、そんなトランプに頼もしさを感じる人も少なくない。

いまこそ知りたい

4度の破産申請から復活した精神力

財政危機でも決して強気な姿勢は崩さない

不動産王と称されるトランプだが、そのビジネスキャリアは決して順分満帆ではなかった。いや、むしろ波瀾万丈と言ってもいい。なぜなら、彼はこれまでに4度も破産申請を行っているからだ。

１９９０年当時、世間的には大富豪と思われていたトランプだが、実は深刻な財務トラブルに陥っていた。本人とその会社は34億ドル（現在のレートで約３７４０億円）の債務を抱え、返済に苦しんでいたのだ。

しかし、彼は財務的に「死に体の姿」よりもデベロッパーとして「生き体の姿」を見せることで破綻危機を乗り越えようと考えた。自信満々に事業再編案を語り、債権者たちの合意を取り付け、５年の猶予と銀行から当面の手当資金として６５００万ドル（約71億５０００万円）の信用枠を与えられた。この結果、１９９３年までに3軒のカジノはすべて破産を切り抜けたことで、債権者はトランプの手腕を高く評価することとなった。30億ドル以上の債務は、剛胆な彼でも絶望的な数字だったはずだ。しかし、否定的な考えに陥ることを拒み、問題解決に集中するように努めた。メディアは「トランプはもう終わった」と書き立てたが、頑なに認めなかった。この強靭なメンタリティこそが、幾度となく訪れた破綻危機を乗り越えた要因である。

Northfoto / Shutterstock.com

アメリカでのトランプの評価は「負け続けた男」ではなく、「何度も復活した強い男」

4度も蘇ったタフな男として高評価

彼は勝者に必要な条件として「頑固者であること」を挙げている。決してあきらめないこと、勝とうとする姿勢を持ち続けること——言葉にするのは簡単だが、維持するのは容易ではない。しばしば彼は自身の武器として「取引のセンス」を挙げている。しかし、多くの敗者・凡人との決定的な差は、どのような状況でも自分を見失わない精神力ではないだろうか。

事業に失敗したとしても、復活すれば再び認められる風潮がアメリカ資本主義には根付いている。「4度の破産申請」は日本人から見たらマイナスイメージかもしれない。だが、アメリカでは「4度も甦ったタフな男」という見方をする人が多い。

そんな不死鳥のような男が、大統領選で「強いアメリカの復活」を掲げている。もしも彼が大統領になったら、アメリカをどのように導くのか。興味深く見守っている人は、決して少なくないはずだ。

いまこそ知りたい

あとがき

2016年6月7日、5つの州で共和党の予備選挙がおこなわれた。すでに共和党からの指名を事実上決めているトランプが、5つの州全てで勝利。「歴史の一章が閉じ、新たな章が始まる」と、本選挙への決意を新たにしている。

同日、一方の民主党ではヒラリー・クリントンが勝利宣言。トランプとヒラリーの両者は、11月8日の本選挙で雌雄を決することになる。泡沫候補としか思われていなかったトランプが、ついにここまで来たのだ。

アメリカを崩壊させる破壊者か、アメリカを救う救世主か。トランプがそのどちらであるかはわからない……いや、おそらく前者だろう。だが、トランプには人にはない魅力があるのもまた事実。本書を通して、多くの人にそれが伝わっていれば幸いである。

アメリカ大統領選挙研究会

NOW, IS THE TIME
TO KNOW
ABOUT DONALD TRUMP.

参考文献

『トランプ自伝』（ちくま文庫）
『あなたに金持ちになってほしい』（筑摩書房）
『トランプ革命』（双葉社）
『別冊宝島 2460』（宝島社）
『Newsweek』（CCC メディアハウス）
『D・トランプ破廉恥な履歴書』（飛鳥新社）
『崩壊するアメリカ』（ビジネス社）
『トランプが日米関係を壊す』（徳間書店）
この他、各報道を参考にさせていただきました。

いまこそ知りたい　ドナルド・トランプ

2016年7月10日　第一刷発行

著　者　アメリカ大統領選挙研究会
発行人　出口汪
発行所　株式会社 水王舎
〒160-0023
東京都新宿区西新宿6-15-1
ラ・トゥール新宿511
電話　03-5909-8920

本文印刷　厚徳社
カバー印刷　歩プロセス
製　本　ナショナル製本
写　真　shutterstock／アフロ
ブックデザイン　杉本龍一郎、太田俊宏（開発社）
大井亮
編集協力　藤本晃一、山下達広、小倉靖史（開発社）
編集統括　瀬戸起彦（水王舎）

落丁、乱丁本はお取り替えいたします。

ISBN978-4-86470-056-6 C0031